1   4주 완성의 계획적인 수학 학습!

2   시간 내 푸는 연습을 통한 실전 감각 향상!

3   다양한 구성의 문제로 사고력 향상!

계산력이 왜 중요한가?

선생님! 계산력이 왜 중요한가요?

수학 만점으로 가는 길은 계산력에서
시작한단다. 왜 중요한지 수학의 아버지
피타고라스 선생님에게 물어볼까?

계산력은 수학의 뿌리!
계산력 없이 수학은 생각할 수 없지.
수학은 계통성의 학문이라고 해.
역연산으로 인해 덧셈이 뺄셈의 기초가 되고,
곱셈이 확립되어야
나눗셈이 가능해지기 때문이지.
따라서 수학의 근간인 기초 계산력을
완벽하게 다져 주는 것이야말로
수학 만점으로 가는 첫걸음이지.

개념 만화

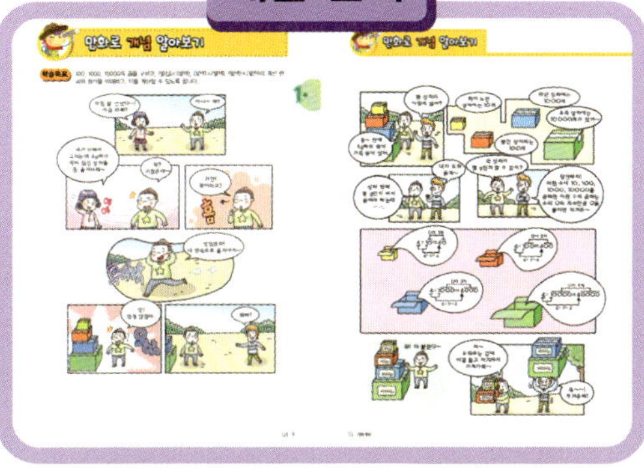

만화를 통한 원리 깨치기

만화를 통한 계산 원리와 개념을
이해할 수 있습니다.

1단계

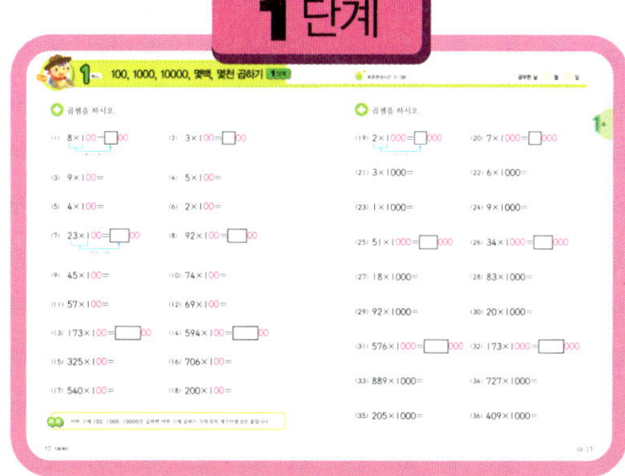

집중 연습으로 계산력 다지기

집중 연습 문제로 기초 계산력을
완벽하게 다질 수 있습니다.

2단계

퍼즐형 문제로 정확성 기르기

흥미로운 퍼즐형 문제로 이루어져
집중력과 정확성까지 기를 수 있습니다.

3단계

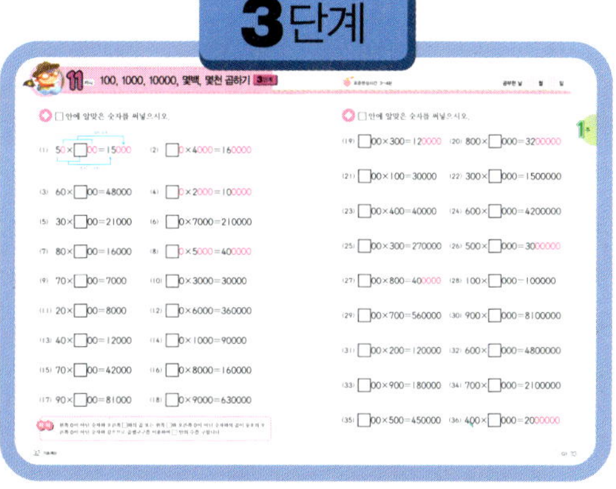

다양한 문제로 사고력 키우기

다양한 문제를 통해 수학적 사고력과
문제 해결력을 높일 수 있습니다.

내용 구성표

권	주	A단계 (5~7세)	B단계 (5~7세)	C단계 (5~7세)
1권	1	일대일 대응, 많다·적다	더하기 3 : (1~7)+3	빼기 5 : (1~20)−5
	2	1~5 수 익히기	더하기 3 : (1~17)+3	빼기 6 : (1~20)−6
	3	1~5 수 익히기	더하기 3 : (1~27)+3	빼기 4, 5, 6의 종합
	4	0, 6~10 수 익히기	더하기 1, 2, 3의 종합	더하기·빼기의 종합 ①
2권	1	0, 6~10 수 익히기	빼기 1 : (1~10)−1	더하기·빼기의 종합 ②
	2	1~10 종합	빼기 1 : (1~20)−1	더하기 7 : (1~9)+7
	3	수 가르기와 수 모으기(1, 2, 3, 4, 5)	빼기 2 : (1~10)−2	더하기 7 : (1~19)+7
	4	수 가르기와 수 모으기(6, 7, 8, 9, 10)	빼기 2 : (1~20)−2	더하기 7 : (1~23)+7
3권	1	11~20 수 익히기	빼기 3 : (1~10)−3	더하기 8 : (1~9)+8
	2	11~20 수 익히기	빼기 3 : (1~20)−3	더하기 8 : (1~22)+8
	3	1~20 종합	빼기 1, 2, 3의 종합	더하기 9 : (1~9)+9
	4	21~30 수 익히기	더하기·빼기의 관계 ①	더하기 9 : (1~21)+9
4권	1	31~40 수 익히기	더하기·빼기의 관계 ②	더하기 10 : (1~20)+10
	2	41~50 수 익히기	더하기 4 : (1~6)+4	더하기 7, 8, 9, 10의 종합
	3	1~50 종합	더하기 4 : (1~16)+4	더하기 1~10의 종합
	4	51~70 수 익히기	더하기 4 : (1~26)+4	빼기 7 : (1~20)−7
5권	1	71~100 수 익히기	더하기 5 : (1~9)+5	빼기 8 : (1~20)−8
	2	1~100 종합	더하기 5 : (1~15)+5	빼기 9 : (1~20)−9
	3	더하기 1 : (1~9)+1	더하기 5 : (1~25)+5	빼기 10 : (1~20)−10
	4	더하기 1 : (1~19)+1	더하기 6 : (1~9)+6	빼기 7, 8, 9, 10의 종합
6권	1	더하기 1 : (1~29)+1	더하기 6 : (1~14)+6	빼기 1~10의 종합
	2	더하기 2 : (1~8)+2	더하기 6 : (1~24)+6	더하기·빼기의 종합 ③
	3	더하기 2 : (1~18)+2	더하기 4, 5, 6의 종합	더하기·빼기의 종합 ④
	4	더하기 2 : (1~28)+2	빼기 4 : (1~20)−4	재미있는 더하기·빼기의 규칙

권	주	D단계 (초1)	E단계 (초2)	F단계 (초3)	G단계 (초4)
1권	1	더하기 1, 2, 3	받아올림이 있는 (두 자리 수)+(한 자리 수)	(세 자리 수)+(세 자리 수) ①	100, 1000, 10000, 몇백, 몇천 곱하기
	2	합이 5까지인 덧셈	받아내림이 있는 (두 자리 수)-(한 자리 수)	(세 자리 수)+(세 자리 수) ②	(세 자리 수)×(두 자리 수)
	3	합이 9까지인 덧셈	세 수의 덧셈	(세 자리 수)-(세 자리 수) ①	(네 자리 수)×(두 자리 수)
	4	받아올림이 없는 (한 자리 수)+(한 자리 수)	세 수의 뺄셈	(세 자리 수)-(세 자리 수) ②	(세 자리 수)×(세 자리 수)
2권	1	빼기 1, 2, 3	일의 자리에서 받아올림이 있는 (두 자리 수)+(두 자리 수)	2, 3, 4, 5의 단 곱셈구구를 이용한 나눗셈	(세 자리 수)÷(한 자리 수)
	2	5까지의 뺄셈	십의 자리에서 받아올림이 있는 (두 자리 수)+(두 자리 수)	6, 7, 8, 9의 단 곱셈구구를 이용한 나눗셈	(두·세 자리 수)÷(몇십)
	3	9까지의 뺄셈	일, 십의 자리에서 받아올림이 있는 (두 자리 수)+(두 자리 수)	곱셈구구를 이용한 나눗셈 ①	(두·세 자리 수)÷(두 자리 수)
	4	(한 자리 수)-(한 자리 수)	받아올림이 있는 (두 자리 수)+(두 자리 수)	곱셈구구를 이용한 나눗셈 ②	(세·네 자리 수)÷(두 자리 수)
3권	1	10이 되는 더하기	받아내림이 있는 (두 자리 수)-(두 자리 수) ①	(두 자리 수)×(한 자리 수) ①	덧셈과 뺄셈의 혼합 계산
	2	10에서 빼기	받아내림이 있는 (두 자리 수)-(두 자리 수) ②	(두 자리 수)×(한 자리 수) ②	곱셈과 나눗셈의 혼합 계산
	3	세 수의 계산 ①	세 수의 계산 ①	(두 자리 수)×(한 자리 수) ③	혼합 계산 1
	4	세 수의 계산 ②	세 수의 계산 ②	(두 자리 수)×(한 자리 수) ④	혼합 계산 2
4권	1	받아올림이 없는 (두 자리 수)+(한 자리 수)	2, 3, 4, 5의 단 곱셈구구	(네 자리 수)+(세 자리 수)	분수의 이해 1
	2	받아올림이 없는 (두 자리 수)+(두 자리 수)	6, 7, 8, 9의 단 곱셈구구	(네 자리 수)+(네 자리 수)	분수의 이해 2
	3	받아내림이 없는 (두 자리 수)-(한 자리 수)	곱셈구구 ①	(네 자리 수)-(세 자리 수)	분수의 이해 3
	4	받아내림이 없는 (두 자리 수)-(두 자리 수)	곱셈구구 ②	(네 자리 수)-(네 자리 수)	분수의 덧셈
5권	1	두 수의 합이 10이 되는 세 수의 덧셈	받아올림이 없는 (세 자리 수)+(세 자리 수)	(세 자리 수)×(한 자리 수)	분수의 덧셈
	2	(한 자리 수)+(한 자리 수) ①	일의 자리에서 받아올림이 있는 (세 자리 수)+(세 자리 수)	(한 자리 수)×(두 자리 수)	분수의 뺄셈 1
	3	(한 자리 수)+(한 자리 수) ②	십의 자리에서 받아올림이 있는 (세 자리 수)+(세 자리 수)	(두 자리 수)×(두 자리 수) ①	분수의 뺄셈 2
	4	(한 자리 수)+(한 자리 수)의 종합	일, 십의 자리에서 받아올림이 있는 (세 자리 수)+(세 자리 수)	(두 자리 수)×(두 자리 수) ②	세 분수의 덧셈과 뺄셈
6권	1	(십 몇)-(한 자리 수) ①	받아내림이 없는 (세 자리 수)-(세 자리 수)	(두 자리 수)÷(한 자리 수) ①	소수 한 자리 수의 덧셈
	2	(십 몇)-(한 자리 수) ②	십의 자리에서 받아내림이 있는 (세 자리 수)-(세 자리 수)	(두 자리 수)÷(한 자리 수) ②	소수 두·세 자리 수의 덧셈
	3	세 수의 덧셈	백의 자리에서 받아내림이 있는 (세 자리 수)-(세 자리 수)	(두 자리 수)÷(한 자리 수) ③	소수 한 자리 수의 뺄셈
	4	세 수의 뺄셈	십, 백의 자리에서 받아내림이 있는 (세 자리 수)-(세 자리 수)	(두 자리 수)÷(한 자리 수) ④	소수 두·세 자리 수의 뺄셈

활용 가이드

Q

아이 수준을 몰라서
어느 단계의 교재를
선택하면 될지 모르겠어요.

A

한 페이지에서
틀린 문제가 6문제 이상이면
이전 단계의
교재부터 시작하세요.

계산 실수를 자주 해요.

정해진 시간 안에 푸는
연습으로 실전 감각을
키우세요.

시험 시간이 부족해요.

매일매일 공부하는
습관으로
정확성을 키우세요.

공부 계획을
스스로 세우기 힘들어요.

스케줄표를 이용해
계획을 세워
2주, 4주 완성에 도전하세요.

4주 완성 스케줄표

	1일	2일	3일	4일	5일	6일
1주 확인	12~15쪽	16~19쪽	20~23쪽	24~27쪽	28~31쪽	32~35쪽

	7일	8일	9일	10일	11일	12일
2주 확인	40~43쪽	44~47쪽	48~51쪽	52~55쪽	56~59쪽	60~63쪽

	13일	14일	15일	16일	17일	18일
3주 확인	68~71쪽	72~75쪽	76~79쪽	80~83쪽	84~87쪽	88~91쪽

	19일	20일	21일	22일	23일	24일
4주 확인	96~99쪽	100~103쪽	104~107쪽	108~111쪽	112~115쪽	116~119쪽

※ 매일 4장(4차시)씩 풀면 12일 만에 완성할 수 있습니다.

 **1주**

100, 1000, 10000, 몇백, 몇천 곱하기

학습 체크표 매일 학습이 끝나면 채점을 하고 체크표를 작성하여 나의 실력을 알아보세요.

차시	단계	공부한 날		잘 했나요?
1차시		월 일		😊 🙂 😑 😣
2차시		월 일		😊 🙂 😑 😣
3차시		월 일		😊 🙂 😑 😣
4차시		월 일		😊 🙂 😑 😣
5차시	1단계	월 일		😊 🙂 😑 😣
6차시		월 일		😊 🙂 😑 😣
7차시		월 일		😊 🙂 😑 😣
8차시		월 일		😊 🙂 😑 😣
9차시	2단계	월 일		😊 🙂 😑 😣
10차시		월 일		😊 🙂 😑 😣
11차시	3단계	월 일		😊 🙂 😑 😣
12차시		월 일		😊 🙂 😑 😣

틀린 개수가

0~1 개이면 😊 (아주 잘함)에, 2~3 개이면 🙂 (잘함)에,

4~5 개이면 😑 (보통)에, 6 개 이상이면 😣 (노력 바람)에 색칠해 주세요.

학습목표 100, 1000, 10000의 곱을 구하고, (몇십)×(몇백), (몇백)×(몇백), (몇백)×(몇천)의 계산 원리와 형식을 이해하고, 이를 계산할 수 있도록 합니다.

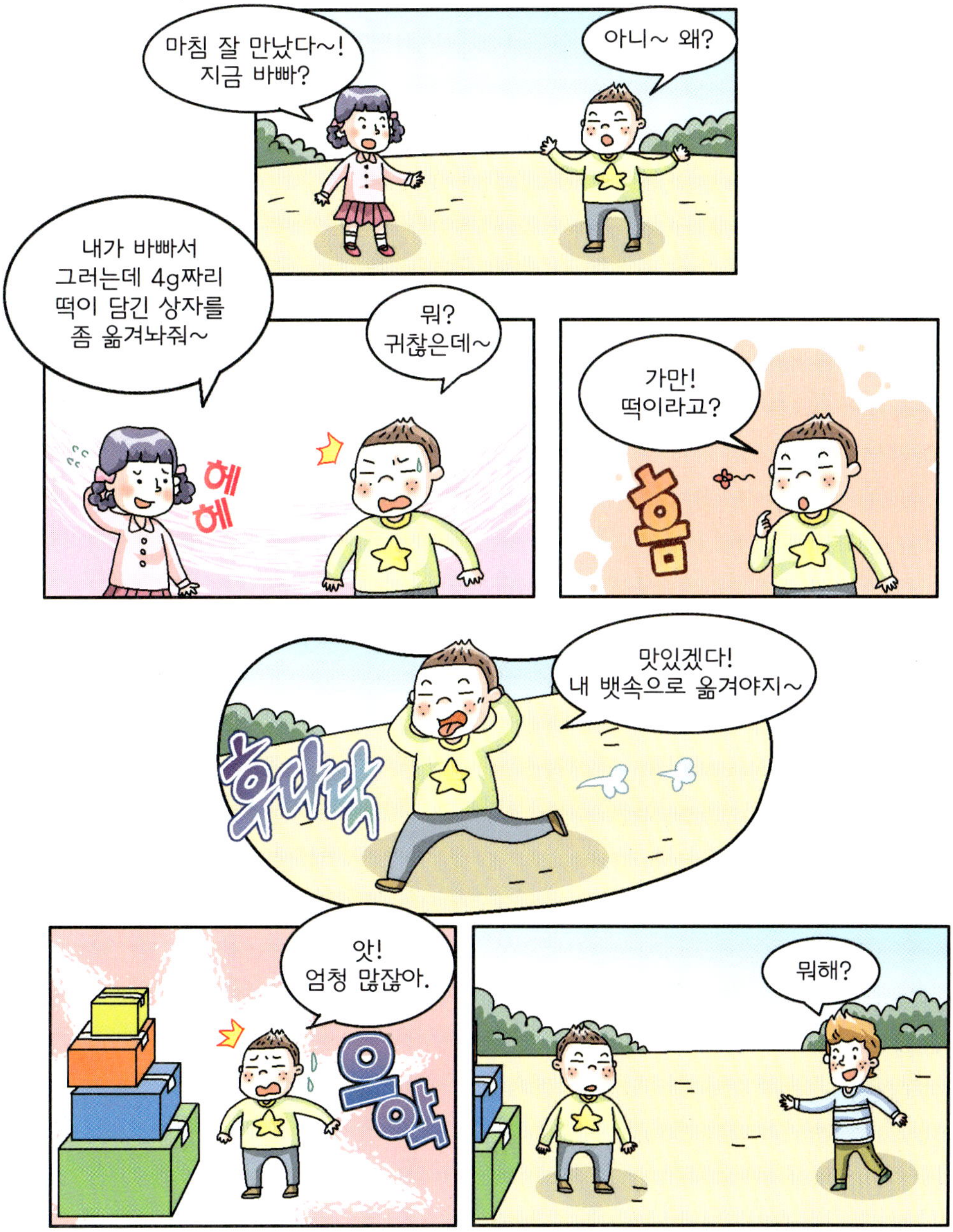

왜 상자가 이렇게 많아?
떡이 노란 상자에는 10개
파란 상자에는 1000개
초록 상자에는 10000개가 있어~
응~ 안에 4g짜리 떡이 가득 들어 있어.
빨간 상자에는 100개
내가 도와 줄게~
각 상자가 몇 g인지 알 수 있어?
상자 밖에 몇 g인지 써서 붙여야 하는데 …….
당연하지! 어떤 수에 10, 100, 1000, 10000을 곱하면 어떤 수에 곱하는 수의 0의 개수만큼 0을 붙이면 되거든~
0이 1개
4×10=40
4×1=4
0이 2개
4×100=400
4×1=4
0이 3개
4×1000=4000
4×1=4
0이 4개
4×10000=40000
4×1=4
와! 다 붙였다~
40g
400g
4000g
40000g
자~ 도와주는 김에 이걸 들고 저기까지 가져가줘~
4000g
40000g
40g
400g
으~~! 무거운데!

1주

뭘 고민해?
하나에 8g인 방울 토마토가 들어있는 상자가 여러 개 있어~
그런데?
파란 상자에는 100개, 노란 상자에는 1000개, 초록 상자에는 10000개가 들어있으면~
각각의 상자들의 무게가 얼마나 될까?
그것쯤이야 계산하면 되지~
근데 그 상자들이 어디에 있는데?
지금은 없어~ 미래에 내가 과수원 하면 그때 따야지~!
있지도 않은 토마토 상자 무게를 벌써 계산하는 거야?

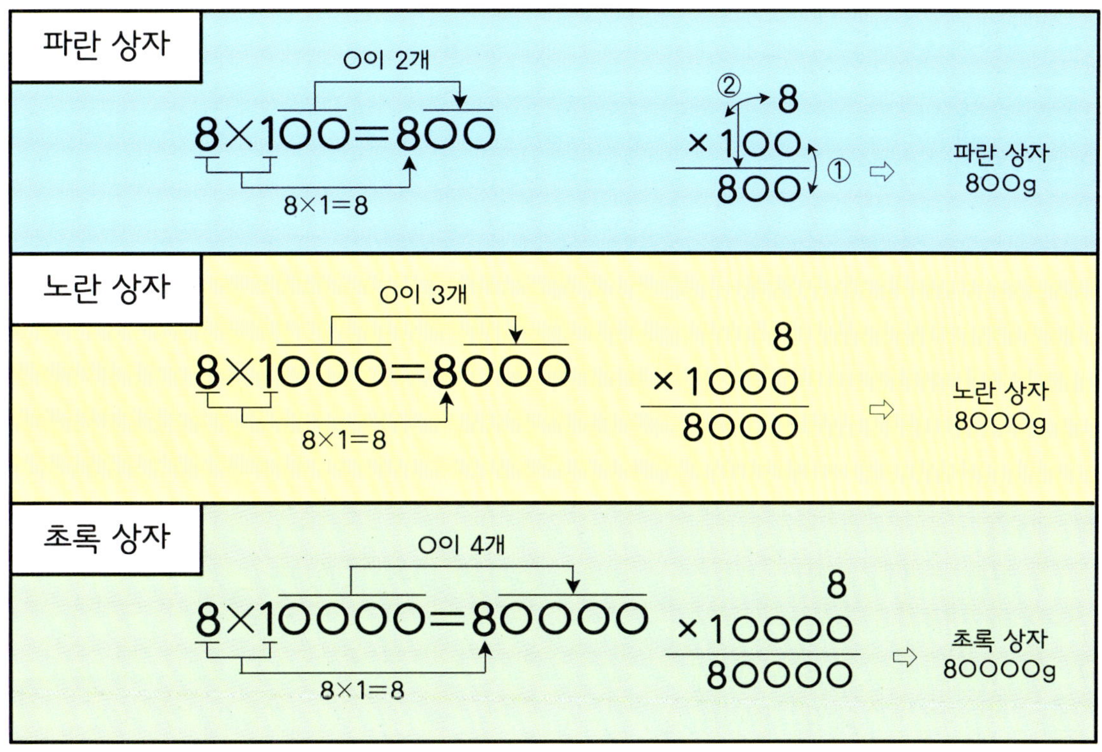

파란 상자
0이 2개
8×100=800
8×1=8
②
8
× 100
800 ① ⇨ 파란 상자 800g

노란 상자
0이 3개
8×1000=8000
8×1=8
8
× 1000
8000 ⇨ 노란 상자 8000g

초록 상자
0이 4개
8×10000=80000
8×1=8
8
× 10000
80000 ⇨ 초록 상자 80000g

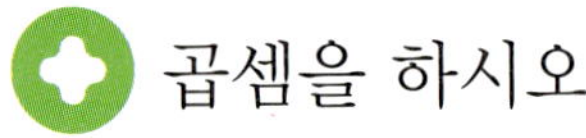 곱셈을 하시오.

(1) $8 \times 100 = \boxed{}00$
$(8 \times 1 = 8)$

(2) $3 \times 100 = \boxed{}00$

(3) $9 \times 100 =$

(4) $5 \times 100 =$

(5) $4 \times 100 =$

(6) $2 \times 100 =$

(7) $23 \times 100 = \boxed{}00$
$(23 \times 1 = 23)$

(8) $92 \times 100 = \boxed{}00$

(9) $45 \times 100 =$

(10) $74 \times 100 =$

(11) $57 \times 100 =$

(12) $69 \times 100 =$

(13) $173 \times 100 = \boxed{}00$

(14) $594 \times 100 = \boxed{}00$

(15) $325 \times 100 =$

(16) $706 \times 100 =$

(17) $540 \times 100 =$

(18) $200 \times 100 =$

 어떤 수에 100, 1000, 10000을 곱하면 어떤 수에 곱하는 수의 0의 개수만큼 0을 붙입니다.

곱셈을 하시오.

(19) $2 \times 1000 = \boxed{}000$

$(2 \times 1 = 2)$

(20) $7 \times 1000 = \boxed{}000$

(21) $3 \times 1000 =$

(22) $6 \times 1000 =$

(23) $1 \times 1000 =$

(24) $9 \times 1000 =$

(25) $51 \times 1000 = \boxed{}000$

(26) $34 \times 1000 = \boxed{}000$

(27) $18 \times 1000 =$

(28) $83 \times 1000 =$

(29) $92 \times 1000 =$

(30) $20 \times 1000 =$

(31) $576 \times 1000 = \boxed{}000$

(32) $173 \times 1000 = \boxed{}000$

(33) $889 \times 1000 =$

(34) $727 \times 1000 =$

(35) $205 \times 1000 =$

(36) $409 \times 1000 =$

곱셈을 하시오.

(1) $4 \times 10000 = \boxed{}0000$
$(4 \times 1 = 4)$

(2) $1 \times 10000 = \boxed{}0000$

(3) $8 \times 10000 =$

(4) $6 \times 10000 =$

(5) $7 \times 10000 =$

(6) $3 \times 10000 =$

(7) $91 \times 10000 =$

(8) $13 \times 10000 =$

(9) $76 \times 10000 =$

(10) $28 \times 10000 =$

(11) $50 \times 10000 =$

(12) $60 \times 10000 =$

(13) $127 \times 10000 =$

(14) $513 \times 10000 =$

(15) $456 \times 10000 =$

(16) $753 \times 10000 =$

(17) $800 \times 10000 =$

(18) $400 \times 10000 =$

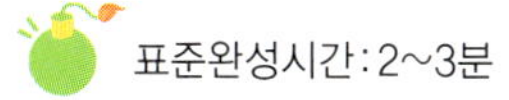

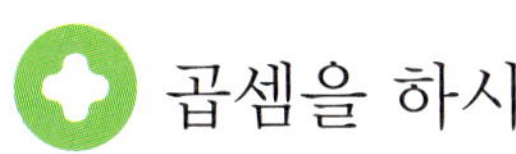 곱셈을 하시오.

1주

(19) $3 \times 100 =$

(20) $9 \times 100 =$

(21) $29 \times 100 =$

(22) $76 \times 100 =$

(23) $364 \times 100 =$

(24) $550 \times 100 =$

(25) $1 \times 1000 =$

(26) $5 \times 1000 =$

(27) $60 \times 1000 =$

(28) $92 \times 1000 =$

(29) $407 \times 1000 =$

(30) $318 \times 1000 =$

(31) $8 \times 10000 =$

(32) $2 \times 10000 =$

(33) $46 \times 10000 =$

(34) $88 \times 10000 =$

(35) $500 \times 10000 =$

(36) $102 \times 10000 =$

곱셈을 하시오.

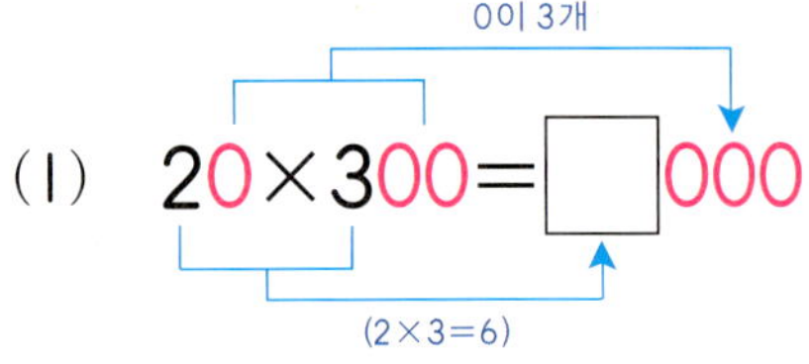

(1) 20×300 = ☐000

(2) 50×300 = ☐000

(3) 70×500 =

(4) 90×500 =

(5) 40×900 =

(6) 80×900 =

(7) 30×200 =

(8) 10×200 =

(9) 60×600 =

(10) 70×600 =

(11) 50×400 =

(12) 90×400 =

(13) 20×500 =

(14) 80×500 =

(15) 40×700 =

(16) 60×700 =

(17) 10×800 =

(18) 70×800 =

꼭꼭 (몇십)×(몇백), (몇백)×(몇십), (몇백)×(몇백)의 계산은 (몇)×(몇)의 곱에 두 수의 0의 개수만큼 0을 붙입니다.

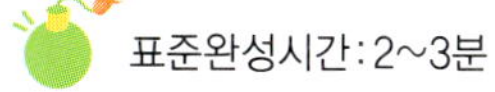

✚ 곱셈을 하시오.

(19) $400 \times 20 = \boxed{}000$

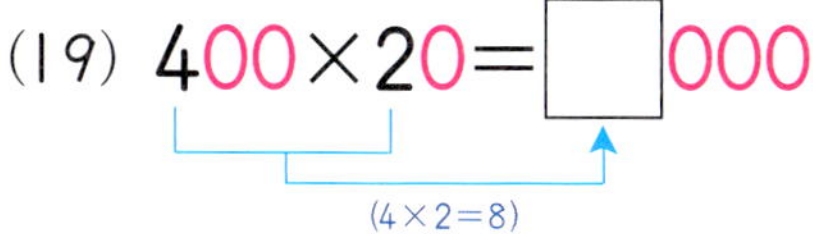

(20) $700 \times 200 = \boxed{}0000$

(21) $300 \times 10 =$ 　　　　　　(22) $600 \times 10 =$

(23) $100 \times 80 =$ 　　　　　　(24) $900 \times 80 =$

(25) $500 \times 40 =$ 　　　　　　(26) $200 \times 40 =$

(27) $800 \times 70 =$ 　　　　　　(28) $300 \times 70 =$

(29) $900 \times 30 =$ 　　　　　　(30) $200 \times 30 =$

(31) $500 \times 60 =$ 　　　　　　(32) $400 \times 60 =$

(33) $900 \times 90 =$ 　　　　　　(34) $700 \times 90 =$

(35) $600 \times 50 =$ 　　　　　　(36) $300 \times 50 =$

곱셈을 하시오.

(1) $2$00 × $3$00 = ☐ 0000
$(2 \times 3 = 6)$

(2) $7$00 × $3$00 = ☐ 0000

(3) 100 × 400 =

(4) 600 × 400 =

(5) 300 × 900 =

(6) 500 × 900 =

(7) 400 × 200 =

(8) 600 × 200 =

(9) 700 × 800 =

(10) 900 × 800 =

(11) 800 × 500 =

(12) 300 × 500 =

(13) 600 × 700 =

(14) 200 × 700 =

(15) 300 × 600 =

(16) 800 × 600 =

(17) 600 × 900 =

(18) 100 × 900 =

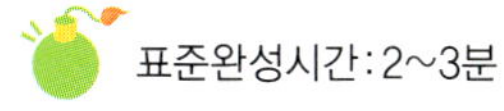

 곱셈을 하시오.

(19) $70 \times 600 =$

(20) $500 \times 80 =$

(21) $30 \times 500 =$

(22) $800 \times 20 =$

(23) $20 \times 100 =$

(24) $400 \times 30 =$

(25) $80 \times 400 =$

(26) $700 \times 50 =$

(27) $30 \times 700 =$

(28) $200 \times 90 =$

(29) $90 \times 300 =$

(30) $500 \times 40 =$

(31) $600 \times 200 =$

(32) $300 \times 500 =$

(33) $400 \times 900 =$

(34) $600 \times 700 =$

(35) $900 \times 800 =$

(36) $100 \times 600 =$

 곱셈을 하시오.

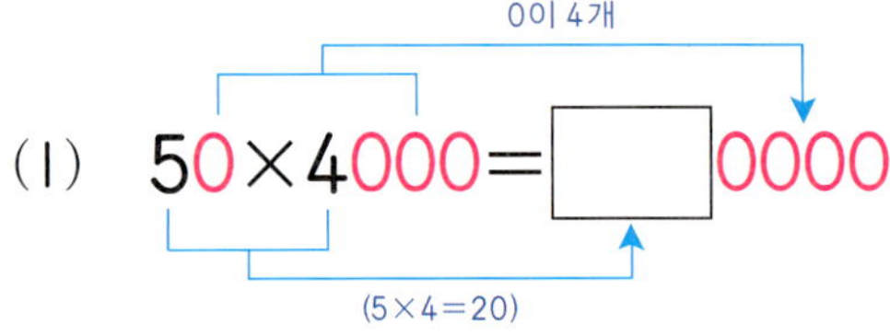

(1) $50 \times 4000 = \boxed{}\,0000$

(2) $30 \times 5000 = \boxed{}\,0000$

(3) $30 \times 7000 =$

(4) $40 \times 3000 =$

(5) $30 \times 6000 =$

(6) $20 \times 8000 =$

(7) $80 \times 1000 =$

(8) $70 \times 6000 =$

(9) $70 \times 9000 =$

(10) $90 \times 4000 =$

(11) $20 \times 3000 =$

(12) $50 \times 7000 =$

(13) $40 \times 2000 =$

(14) $80 \times 4000 =$

(15) $70 \times 5000 =$

(16) $10 \times 9000 =$

(17) $90 \times 7000 =$

(18) $60 \times 2000 =$

 (몇십)×(몇천), (몇천)×(몇십), (몇백)×(몇천), (몇천)×(몇백)의 계산은 (몇)×(몇)의 곱에 두 수의 0의 개수만큼 0을 붙입니다.

곱셈을 하시오.

(19) $3000 \times 40 = \boxed{}0000$
$(3 \times 4 = 12)$

(20) $9000 \times 30 = \boxed{}0000$

(21) $2000 \times 20 =$

(22) $4000 \times 40 =$

(23) $9000 \times 50 =$

(24) $7000 \times 10 =$

(25) $8000 \times 40 =$

(26) $6000 \times 50 =$

(27) $4000 \times 90 =$

(28) $2000 \times 90 =$

(29) $7000 \times 80 =$

(30) $1000 \times 80 =$

(31) $5000 \times 30 =$

(32) $7000 \times 70 =$

(33) $1000 \times 70 =$

(34) $8000 \times 20 =$

(35) $6000 \times 40 =$

(36) $3000 \times 60 =$

 곱셈을 하시오.

(1) $2\underset{}{00} \times 4\underset{}{000} = \boxed{}00000$
$(2 \times 4 = 8)$

(2) $5\underset{}{00} \times 7\underset{}{000} = \boxed{}00000$

(3) $900 \times 5000 =$

(4) $400 \times 6000 =$

(5) $700 \times 7000 =$

(6) $900 \times 9000 =$

(7) $600 \times 9000 =$

(8) $800 \times 4000 =$

(9) $400 \times 8000 =$

(10) $300 \times 5000 =$

(11) $800 \times 2000 =$

(12) $700 \times 2000 =$

(13) $300 \times 4000 =$

(14) $800 \times 7000 =$

(15) $700 \times 4000 =$

(16) $600 \times 8000 =$

(17) $200 \times 9000 =$

(18) $700 \times 3000 =$

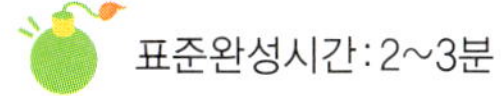

 곱셈을 하시오.

(19) $3000 \times 400 =$

(20) $8000 \times 400 =$

(21) $8000 \times 500 =$

(22) $9000 \times 500 =$

(23) $9000 \times 900 =$

(24) $5000 \times 600 =$

(25) $2000 \times 300 =$

(26) $6000 \times 400 =$

(27) $6000 \times 800 =$

(28) $9000 \times 300 =$

(29) $7000 \times 600 =$

(30) $7000 \times 200 =$

(31) $4000 \times 200 =$

(32) $7000 \times 300 =$

(33) $5000 \times 400 =$

(34) $8000 \times 200 =$

(35) $8000 \times 700 =$

(36) $4000 \times 700 =$

7차시 100, 1000, 10000, 몇백, 몇천 곱하기 [1단계]

 곱셈을 하시오.

(1)

```
      7 0
×   2 0 0
  1 4 0 0 0
```

두 수의 0의 개수만큼 0을 일의 자리부터 쓰고, 십의 자리 숫자 7과 백의 자리 숫자 2의 곱 14를 0의 왼쪽에 씁니다.

(2)
```
    6 0
× 9 0 0
```

(3)
```
    3 0
× 4 0 0
```

(4)
```
  2 0 0
×   5 0
```

(5)
```
    9 0
× 2 0 0
```

(6)
```
    5 0
× 1 0 0
```

(7)
```
  7 0 0
×   8 0
```

(8)
```
    7 0
× 4 0 0
```

(9)
```
    8 0
× 6 0 0
```

(10)
```
  4 0 0
×   3 0
```

 세로셈은 자릿수를 맞추어 쓰고 오른쪽에서부터 곱하는 두 수의 0의 개수만큼 0을 쓴 후, 두 수의 곱을 0의 왼쪽에 씁니다.

곱셈을 하시오.

(11)
$$\begin{array}{r} 600 \\ \times\,400 \\ \hline \end{array}$$

(12)
$$\begin{array}{r} 900 \\ \times\,700 \\ \hline \end{array}$$

(13)
$$\begin{array}{r} 700 \\ \times\,600 \\ \hline \end{array}$$

(14)
$$\begin{array}{r} 200 \\ \times\,100 \\ \hline \end{array}$$

(15)
$$\begin{array}{r} 400 \\ \times\,900 \\ \hline \end{array}$$

(16)
$$\begin{array}{r} 800 \\ \times\,200 \\ \hline \end{array}$$

(17)
$$\begin{array}{r} 300 \\ \times\,800 \\ \hline \end{array}$$

(18)
$$\begin{array}{r} 500 \\ \times\,500 \\ \hline \end{array}$$

(19)
$$\begin{array}{r} 900 \\ \times\,200 \\ \hline \end{array}$$

(20)
$$\begin{array}{r} 800 \\ \times\,400 \\ \hline \end{array}$$

(21)
$$\begin{array}{r} 400 \\ \times\,700 \\ \hline \end{array}$$

(22)
$$\begin{array}{r} 300 \\ \times\,400 \\ \hline \end{array}$$

 곱셈을 하시오.

(1)
$$\begin{array}{r} 20 \\ \times\ 1000 \\ \hline \end{array}$$

(2)
$$\begin{array}{r} 600 \\ \times\ 8000 \\ \hline \end{array}$$

(3)
$$\begin{array}{r} 4000 \\ \times\ 800 \\ \hline \end{array}$$

(4)
$$\begin{array}{r} 50 \\ \times\ 2000 \\ \hline \end{array}$$

(5)
$$\begin{array}{r} 900 \\ \times\ 9000 \\ \hline \end{array}$$

(6)
$$\begin{array}{r} 6000 \\ \times\ 300 \\ \hline \end{array}$$

(7)
$$\begin{array}{r} 70 \\ \times\ 4000 \\ \hline \end{array}$$

(8)
$$\begin{array}{r} 400 \\ \times\ 5000 \\ \hline \end{array}$$

(9)
$$\begin{array}{r} 1000 \\ \times\ 700 \\ \hline \end{array}$$

(10)
$$\begin{array}{r} 30 \\ \times\ 3000 \\ \hline \end{array}$$

(11)
$$\begin{array}{r} 600 \\ \times\ 5000 \\ \hline \end{array}$$

(12)
$$\begin{array}{r} 5000 \\ \times\ 700 \\ \hline \end{array}$$

 곱셈을 하시오.

(13)
$$\begin{array}{r} 30 \\ \times\ 500 \\ \hline \end{array}$$

(14)
$$\begin{array}{r} 70 \\ \times\ 800 \\ \hline \end{array}$$

(15)
$$\begin{array}{r} 20 \\ \times\ 900 \\ \hline \end{array}$$

(16)
$$\begin{array}{r} 500 \\ \times\ 40 \\ \hline \end{array}$$

(17)
$$\begin{array}{r} 900 \\ \times\ 70 \\ \hline \end{array}$$

(18)
$$\begin{array}{r} 600 \\ \times\ 30 \\ \hline \end{array}$$

(19)
$$\begin{array}{r} 400 \\ \times\ 100 \\ \hline \end{array}$$

(20)
$$\begin{array}{r} 700 \\ \times\ 400 \\ \hline \end{array}$$

(21)
$$\begin{array}{r} 900 \\ \times\ 200 \\ \hline \end{array}$$

(22)
$$\begin{array}{r} 60 \\ \times\ 7000 \\ \hline \end{array}$$

(23)
$$\begin{array}{r} 20 \\ \times\ 8000 \\ \hline \end{array}$$

(24)
$$\begin{array}{r} 30 \\ \times\ 2000 \\ \hline \end{array}$$

 빈칸에 알맞은 수를 써넣으시오.

×	20
100	2000
200	
300	
400	
500	
600	

×	80
100	
800	
500	
400	
700	
300	

 가로줄과 세로줄에 있는 두 수의 곱을 구하여 빈칸에 씁니다.
(몇)×(몇)의 곱에 두 수의 0의 개수만큼 0을 붙입니다.

빈칸에 알맞은 수를 써넣으시오.

1주

×	300
100	30000
200	
300	
400	
500	
600	

×	700
100	
900	
200	
800	
700	
500	

10 차시 100, 1000, 10000, 몇백, 몇천 곱하기 2단계

 빈칸에 알맞은 수를 써넣으시오.

×	100	200	300
1000	100000		
7000			

×	300	800	500
2000			
8000			

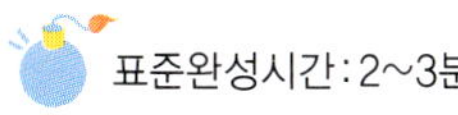

빈칸에 알맞은 수를 써넣으시오.

×	20	50	400
100			
2000			

×	60	200	900
500			
6000			

11 차시 100, 1000, 10000, 몇백, 몇천 곱하기 3단계

✚ □ 안에 알맞은 숫자를 써넣으시오.

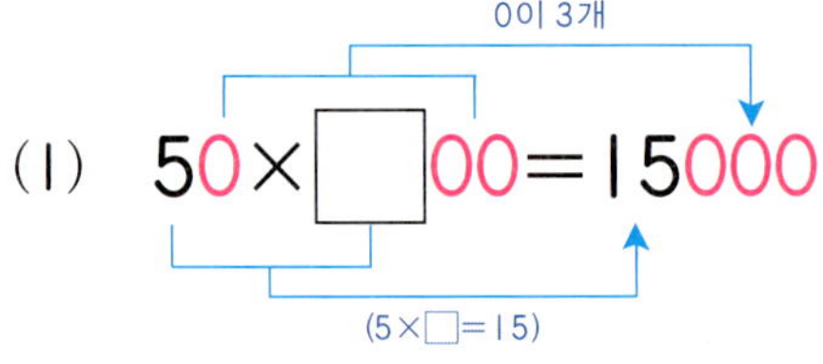

(1) $50 \times \boxed{\ }00 = 15000$

(2) $\boxed{\ }0 \times 4000 = 160000$

(3) $60 \times \boxed{\ }00 = 48000$

(4) $\boxed{\ }0 \times 2000 = 100000$

(5) $30 \times \boxed{\ }00 = 21000$

(6) $\boxed{\ }0 \times 7000 = 210000$

(7) $80 \times \boxed{\ }00 = 16000$

(8) $\boxed{\ }0 \times 5000 = 400000$

(9) $70 \times \boxed{\ }00 = 7000$

(10) $\boxed{\ }0 \times 3000 = 30000$

(11) $20 \times \boxed{\ }00 = 8000$

(12) $\boxed{\ }0 \times 6000 = 360000$

(13) $40 \times \boxed{\ }00 = 12000$

(14) $\boxed{\ }0 \times 1000 = 90000$

(15) $70 \times \boxed{\ }00 = 42000$

(16) $\boxed{\ }0 \times 8000 = 160000$

(17) $90 \times \boxed{\ }00 = 81000$

(18) $\boxed{\ }0 \times 9000 = 630000$

꼭꼭 왼쪽 0이 아닌 숫자와 오른쪽 □와의 곱 또는 왼쪽 □와 오른쪽 0이 아닌 숫자와의 곱이 등호의 오른쪽 0이 아닌 숫자와 같으므로 곱셈구구를 이용하여 □ 안의 수를 구합니다.

□ 안에 알맞은 숫자를 써넣으시오.

(19) □00 × 300 = 1200000   (20) 800 × □000 = 3200000

(21) □00 × 100 = 30000   (22) 300 × □000 = 1500000

(23) □00 × 400 = 40000   (24) 600 × □000 = 4200000

(25) □00 × 300 = 270000   (26) 500 × □000 = 3000000

(27) □00 × 800 = 400000   (28) 100 × □000 = 100000

(29) □00 × 700 = 560000   (30) 900 × □000 = 8100000

(31) □00 × 200 = 120000   (32) 600 × □000 = 4800000

(33) □00 × 900 = 180000   (34) 700 × □000 = 2100000

(35) □00 × 500 = 450000   (36) 400 × □000 = 2000000

12 차시 100, 1000, 10000, 몇백, 몇천 곱하기 3단계

✚ □ 안에 알맞은 숫자를 써넣으시오.

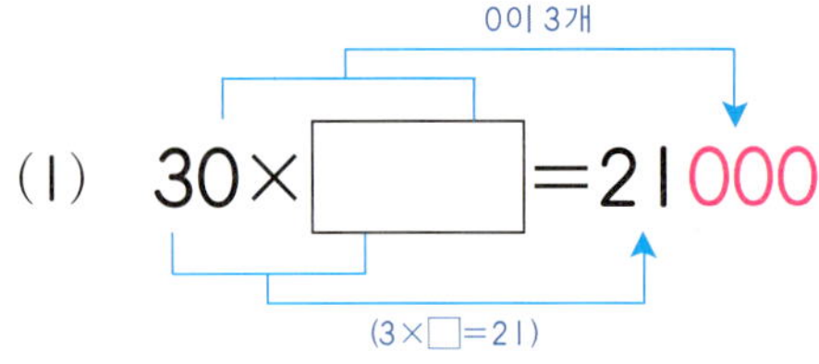

(1) $30 \times \boxed{} = 21000$

(2) $40 \times \boxed{} = 240000$

(3) $10 \times \boxed{} = 6000$

(4) $10 \times \boxed{} = 50000$

(5) $60 \times \boxed{} = 48000$

(6) $80 \times \boxed{} = 640000$

(7) $70 \times \boxed{} = 7000$

(8) $70 \times \boxed{} = 210000$

(9) $50 \times \boxed{} = 45000$

(10) $20 \times \boxed{} = 80000$

(11) $900 \times \boxed{} = 27000$

(12) $6000 \times \boxed{} = 60000$

(13) $400 \times \boxed{} = 20000$

(14) $7000 \times \boxed{} = 420000$

(15) $800 \times \boxed{} = 40000$

(16) $5000 \times \boxed{} = 350000$

(17) $300 \times \boxed{} = 3000$

(18) $6000 \times \boxed{} = 120000$

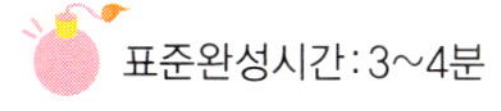

○ □ 안에 알맞은 숫자를 써넣으시오.

(19) $200 \times \boxed{} = 80000$　　(20) $900 \times \boxed{} = 3600000$

(21) $700 \times \boxed{} = 350000$　　(22) $100 \times \boxed{} = 500000$

(23) $800 \times \boxed{} = 720000$　　(24) $600 \times \boxed{} = 3600000$

(25) $100 \times \boxed{} = 30000$　　(26) $400 \times \boxed{} = 1600000$

(27) $500 \times \boxed{} = 400000$　　(28) $700 \times \boxed{} = 5600000$

(29) $600 \times \boxed{} = 360000$　　(30) $8000 \times \boxed{} = 1600000$

(31) $300 \times \boxed{} = 60000$　　(32) $2000 \times \boxed{} = 600000$

(33) $400 \times \boxed{} = 160000$　　(34) $9000 \times \boxed{} = 1800000$

(35) $700 \times \boxed{} = 490000$　　(36) $5000 \times \boxed{} = 3500000$

 **2주** (세 자리 수) × (두 자리 수)

매일 학습이 끝나면 채점을 하고 체크표를 작성하여 나의 실력을 알아보세요.

차시	단계	공부한 날	잘 했나요?
13차시		월 일	😊 😊 😑 😣
14차시		월 일	😊 😊 😑 😣
15차시		월 일	😊 😊 😑 😣
16차시	1단계	월 일	😊 😊 😑 😣
17차시		월 일	😊 😊 😑 😣
18차시		월 일	😊 😊 😑 😣
19차시		월 일	😊 😊 😑 😣
20차시		월 일	😊 😊 😑 😣
21차시	2단계	월 일	😊 😊 😑 😣
22차시		월 일	😊 😊 😑 😣
23차시	3단계	월 일	😊 😊 😑 😣
24차시		월 일	😊 😊 😑 😣

틀린 개수가

0~1 개이면 😊 (아주 잘함)에, 2~3 개이면 😊 (잘함)에,

4~5 개이면 😑 (보통)에, 6 개 이상이면 😣 (노력 바람)에 색칠해 주세요.

학습목표 (세 자리 수)×(두 자리 수)의 곱셈을 여러 가지 방법으로 숙달하고, 세 자리 수의 곱셈의 기초를 다집니다.

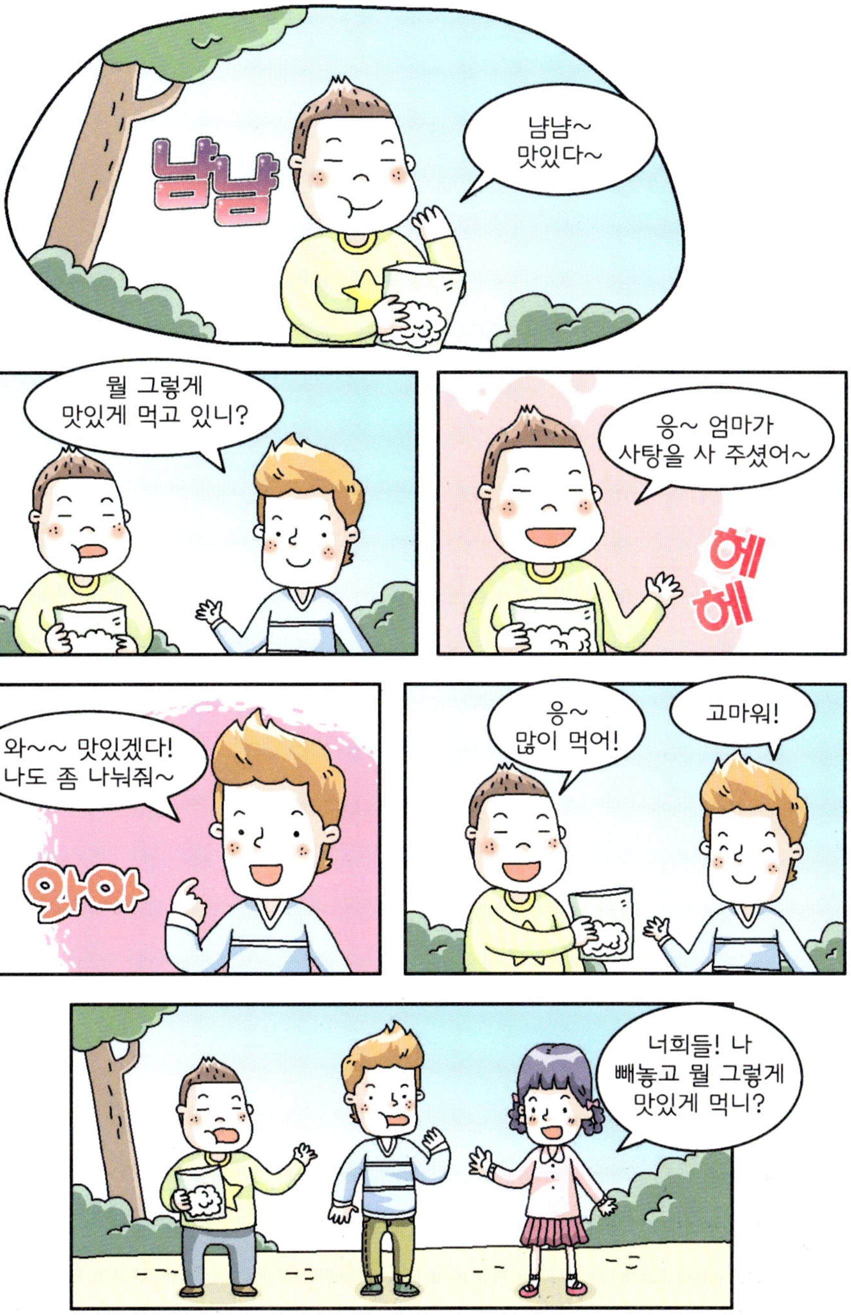

맛있다~ 냠냠~
사탕이었구나~ 많다!
응~ 한 통에 165개 들어있어~ 이런게 32통이나 있어!!
와~ 그럼 모두 몇 개지?
그게 계산이……
흐음
후후~ 내가 알려줄 테니깐 잘 봐~
165
× 32
330
495
5280
165×2=330은 165와 일의 자리 숫자와의 곱이므로 330을 일의 자리에 맞추어 써야 하고
165×3=495는 165와 십의 자리 숫자와의 곱이므로 495를 십의 자리에 맞추어 쓴다구~
그리고 두 곱을 더하면 되는 거지~
와아아! 천재, 천재!
내가 좀 천재지~
와삭와삭~ 내가 두개 먹었으니 5278개가 되었네~
와삭와삭~ 내가 또 두개 먹었으니 5276개가 되었어~
이 먹보들!

2주

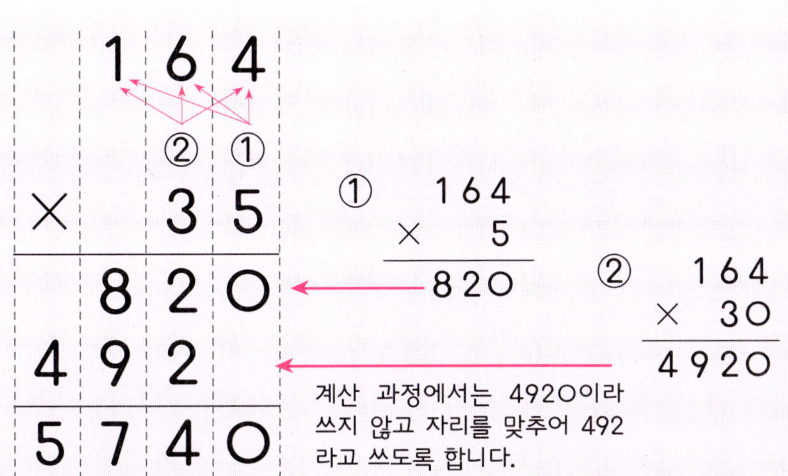

① 164와 일의 자리 숫자 5의 곱을 구합니다.
② 164와 십의 자리 숫자 3의 곱을 구하여 십의 자리부터 씁니다.
③ 두 곱을 더합니다.

→ 상자에 들어있는 귤은 모두 5740개입니다.

13차시 (세 자리 수)×(두 자리 수) 1단계

 곱셈을 하시오.

(1)

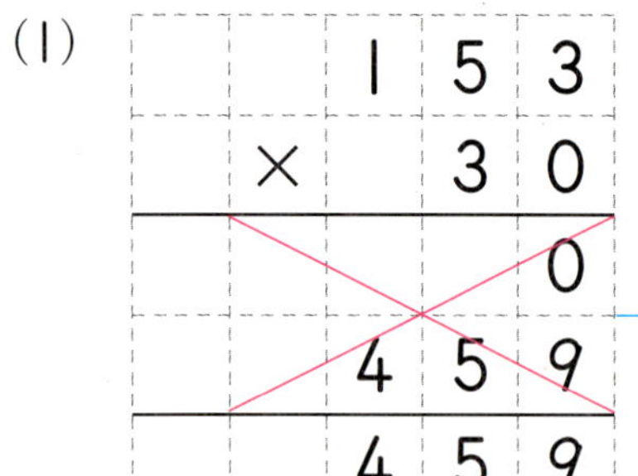

(2)

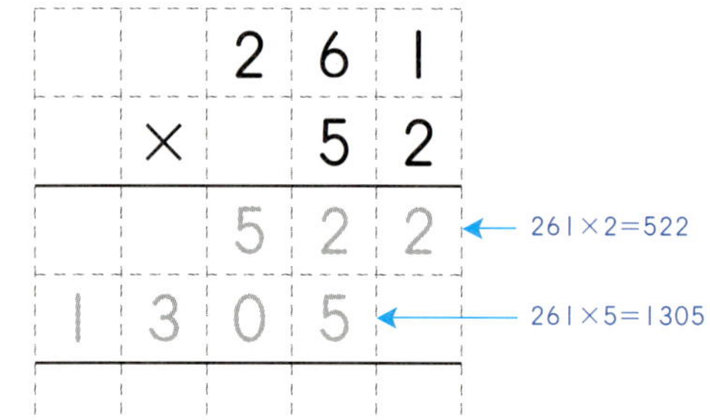

(3)

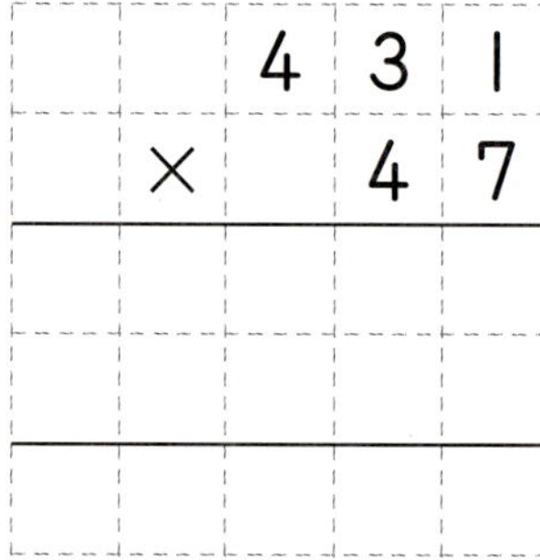

(4)

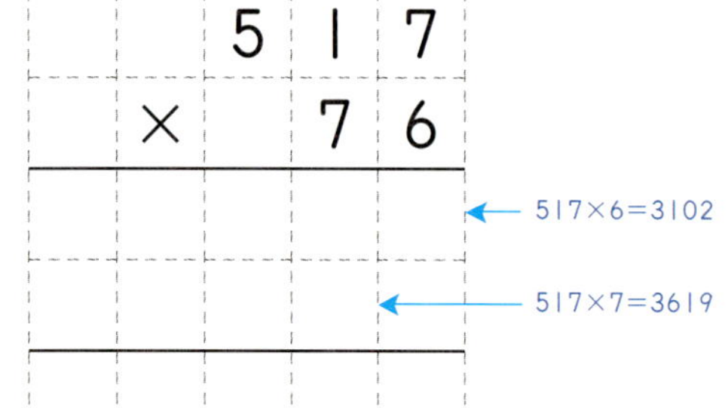

(5)

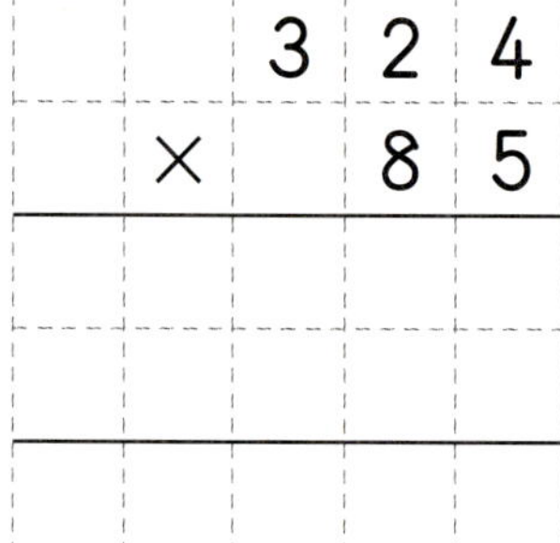

 곱하는 수를 일의 자리와 십의 자리로 나누어 각각의 곱을 구하여 자리를 맞추어 쓴 다음 더합니다.

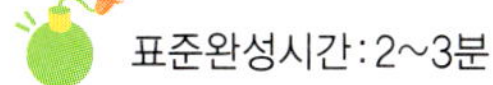 곱셈을 하시오.

(6)
$$\begin{array}{r} 2\ 3\ 6 \\ \times\ \ 6\ 0 \\ \hline \end{array}$$

(7)
$$\begin{array}{r} 1\ 8\ 7 \\ \times\ \ 5\ 0 \\ \hline \end{array}$$

(8)
$$\begin{array}{r} 3\ 9\ 5 \\ \times\ \ 7\ 0 \\ \hline \end{array}$$

(9)
$$\begin{array}{r} 6\ 8\ 6 \\ \times\ \ 2\ 0 \\ \hline \end{array}$$

(10)
$$\begin{array}{r} 9\ 4\ 2 \\ \times\ \ 3\ 0 \\ \hline \end{array}$$

(11)
$$\begin{array}{r} 8\ 9\ 7 \\ \times\ \ 8\ 0 \\ \hline \end{array}$$

(12)
$$\begin{array}{r} 4\ 0\ 5 \\ \times\ \ 9\ 0 \\ \hline \end{array}$$

(13)
$$\begin{array}{r} 7\ 4\ 5 \\ \times\ \ 4\ 0 \\ \hline \end{array}$$

(14)
$$\begin{array}{r} 5\ 4\ 8 \\ \times\ \ 5\ 0 \\ \hline \end{array}$$

(15)
$$\begin{array}{r} 2\ 6\ 4 \\ \times\ \ 7\ 0 \\ \hline \end{array}$$

2주

 곱셈을 하시오.

(1)
```
    3 4 5
  ×   2 3
```

(2)
```
    8 3 8
  ×   1 8
```

(3)
```
    7 6 5
  ×   5 6
```

(4)
```
    6 0 9
  ×   2 5
```

(5)
```
    4 9 6
  ×   6 3
```

(6)
```
    4 5 8
  ×   4 2
```

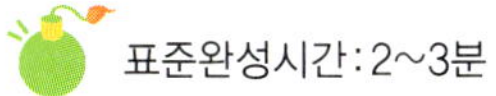

✿ 곱셈을 하시오.

(7)

```
    2 6 5
  ×   2 9
```

(8)

```
    3 8 7
  ×   4 8
```

(9)

```
    5 9 0
  ×   6 5
```

(10)

```
    4 7 6
  ×   4 8
```

(11)

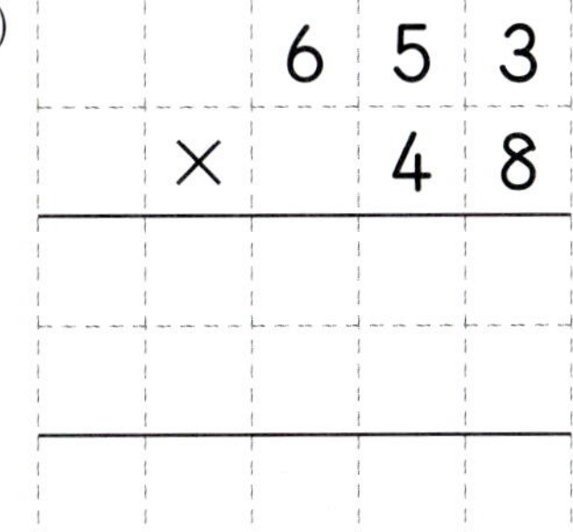

```
    6 5 3
  ×   4 8
```

(12)

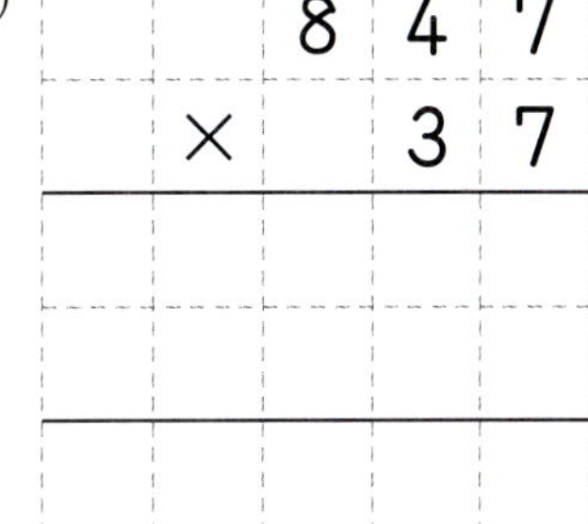

```
    8 4 7
  ×   3 7
```

15차시 (세 자리 수)×(두 자리 수)

곱셈을 하시오.

(1)
```
      5 4 8
  ×   5 7
  3 8 3 6   ← 548×7=3836
2 7 4 0     ← 548×5=2740
```

(2)
```
      9 1 6
  ×   6 9
```

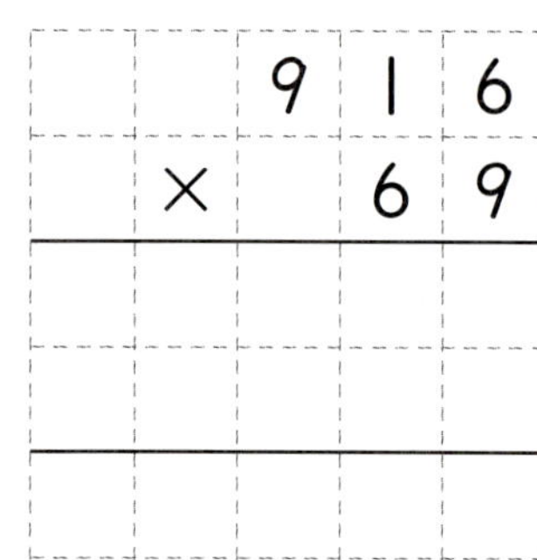

(3)
```
      7 0 5
  ×   9 5
            ← 705×5=3525
            ← 705×9=6345
```

(4)
```
      3 2 9
  ×   7 6
```

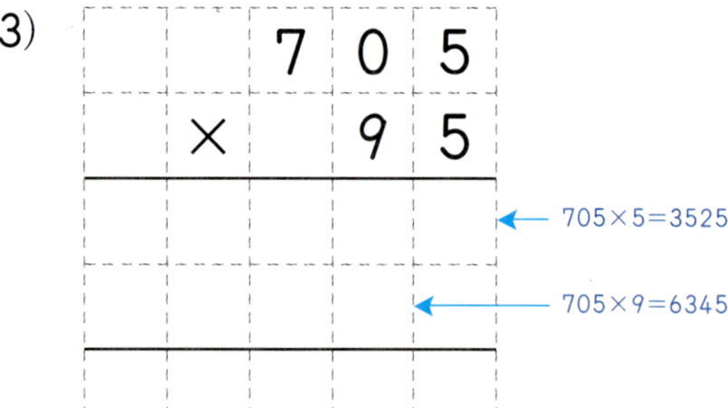 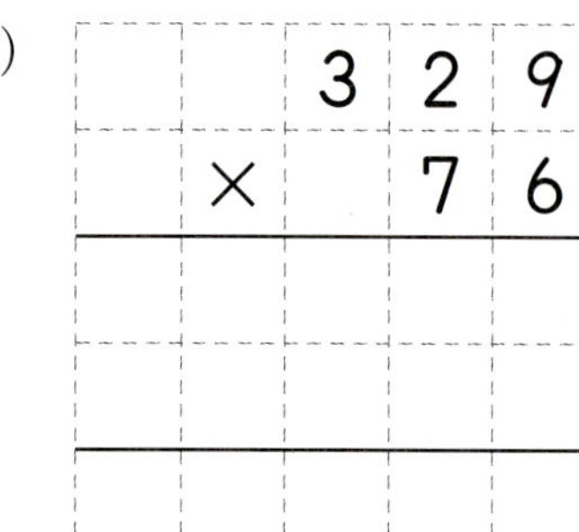

(5)
```
      4 2 4
  ×   7 3
            ← 424×3=1272
            ← 424×7=2968
```

(6)
```
      5 3 2
  ×   7 8
```

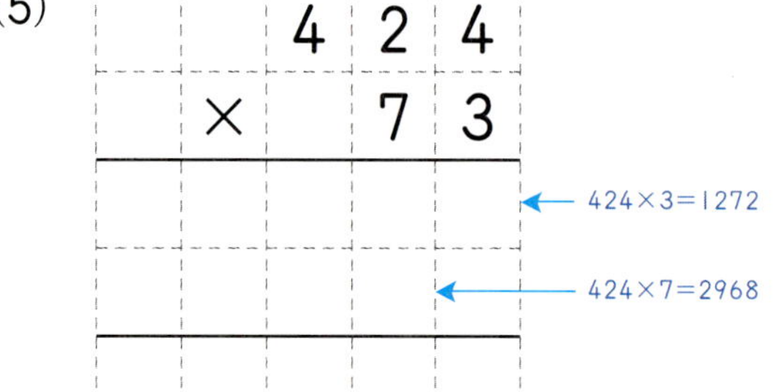

 곱하는 수를 일의 자리와 십의 자리로 나누어 각각의 곱을 구하여 자리를 맞추어 쓴 다음 더합니다.

✚ 곱셈을 하시오.

(7)

```
    3 4 6
  ×   8 7
```

(8)

```
    8 2 2
  ×   8 8
```

(9)

```
    6 1 8
  ×   2 7
```

(10)

```
    5 6 7
  ×   6 8
```

(11)

```
    7 5 3
  ×   5 9
```

(12)

```
    2 7 8
  ×   9 7
```

 곱셈을 하시오.

(1)
```
    3 0 1
  ×   5 9
```

(2)
```
    6 0 7
  ×   5 8
```

(3)
```
    7 9 4
  ×   9 6
```

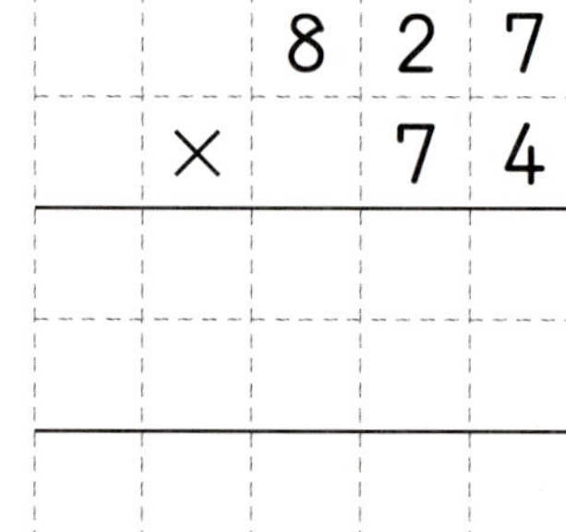

(4)
```
    8 2 7
  ×   7 4
```

(5)
```
    5 8 9
  ×   4 9
```

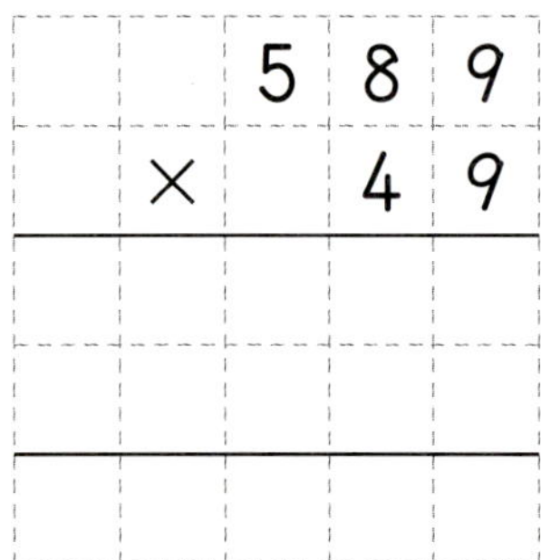

(6)
```
    5 3 8
  ×   6 3
```

곱셈을 하시오.

(7)

$$\begin{array}{r} 6\ 4\ 8 \\ \times\quad 5\ 7 \\ \hline \end{array}$$

(8)

$$\begin{array}{r} 9\ 8\ 4 \\ \times\quad 4\ 6 \\ \hline \end{array}$$

(9)

$$\begin{array}{r} 4\ 5\ 9 \\ \times\quad 2\ 9 \\ \hline \end{array}$$

(10)

$$\begin{array}{r} 7\ 4\ 6 \\ \times\quad 4\ 7 \\ \hline \end{array}$$

(11)

$$\begin{array}{r} 8\ 2\ 8 \\ \times\quad 9\ 5 \\ \hline \end{array}$$

(12)

$$\begin{array}{r} 5\ 3\ 7 \\ \times\quad 3\ 4 \\ \hline \end{array}$$

17차시 (세 자리 수)×(두 자리 수)

곱셈을 하시오.

(1)

```
    359
  ×  43
  1 0 7 7
  1 4 3 6
```

① 359×3=1077은 359와 일의 자리 수와의 곱이므로 1077
   을 일의 자리에 맞추어 씁니다.
② 359×4=1436은 359와 십의 자리 수와의 곱이므로 1436
   을 십의 자리에 맞추어 씁니다.
③ 두 곱을 더합니다.

(2)
```
    678
  ×  67
```

(3)
```
    896
  ×  55
```

(4)
```
    482
  ×  70
```

(5)
```
    957
  ×  96
```

(6)
```
    413
  ×  63
```

(7)
```
    486
  ×  80
```

 곱셈에서 실수가 많은 경우는 올림을 생각하지 못했을 때와 각 자리 수의 곱셈 결과를 나타낼 때 줄을 잘못 맞추었을 때입니다. 주의하도록 합니다.

곱셈을 하시오.

(8)
$$924 \times 84$$

(9)
$$843 \times 58$$

(10)
$$262 \times 44$$

(11)
$$238 \times 78$$

(12)
$$770 \times 85$$

(13)
$$396 \times 89$$

(14)
$$875 \times 46$$

(15)
$$667 \times 53$$

(16)
$$994 \times 36$$

 곱셈을 하시오.

(1)
```
   583
×   69
```

(2)
```
   879
×   38
```

(3)
```
   689
×   74
```

(4)
```
   626
×   75
```

(5)
```
   352
×   31
```

(6)
```
   584
×   87
```

(7)
```
   232
×   43
```

(8)
```
   931
×   97
```

(9)
```
   442
×   35
```

곱셈에서 실수가 많은 경우는 올림을 생각하지 못했을 때와 각 자리 수의 곱셈 결과를 나타낼 때 줄을 잘못 맞추었을 때입니다. 주의하도록 합니다.

 곱셈을 하시오.

(10)	593 × 58	(11)	791 × 89	(12)	872 × 76
(13)	242 × 67	(14)	852 × 39	(15)	361 × 85
(16)	584 × 26	(17)	663 × 73	(18)	943 × 52

➕ 가로셈을 세로셈으로 고쳐 계산하시오.

(1) 337×45

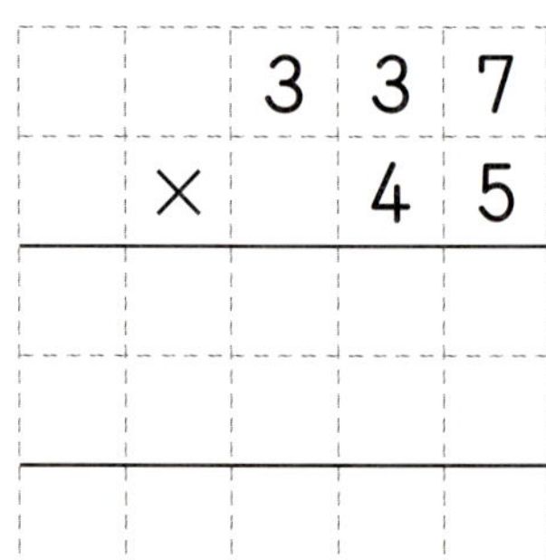

(2) 574×73

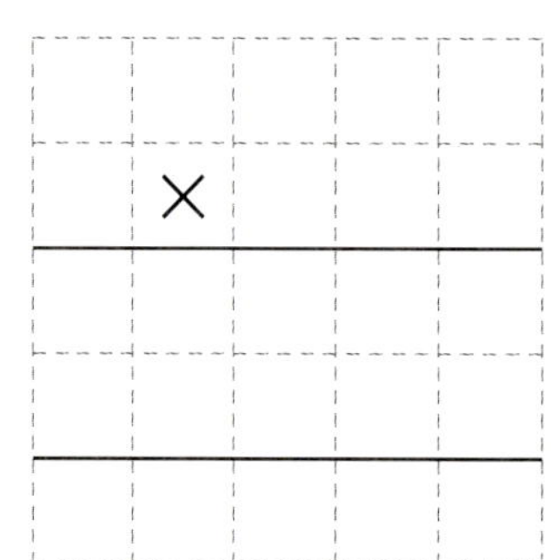

(3) 248×69

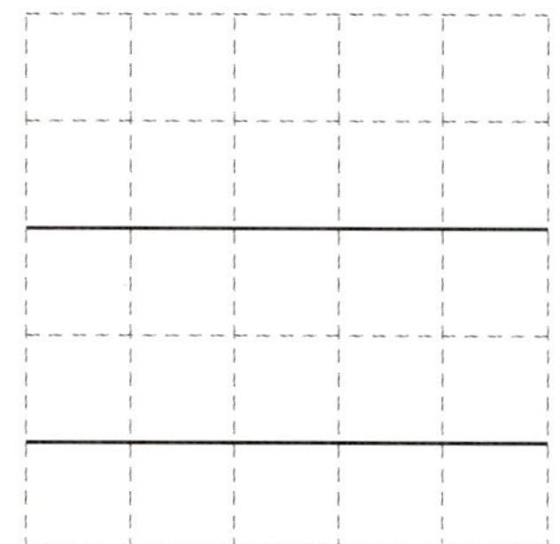

(4) 495×87

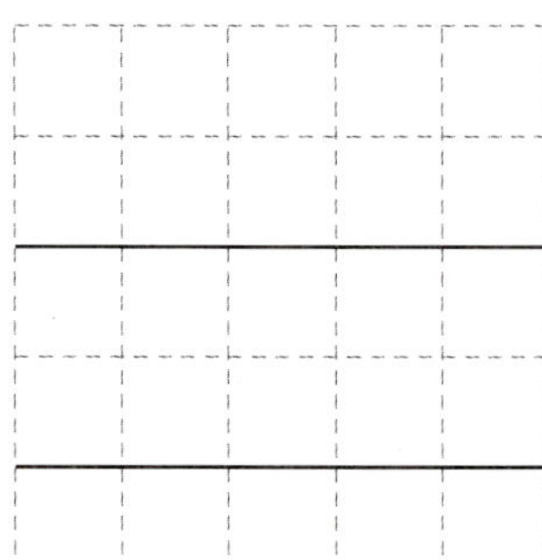

(5) 366×82

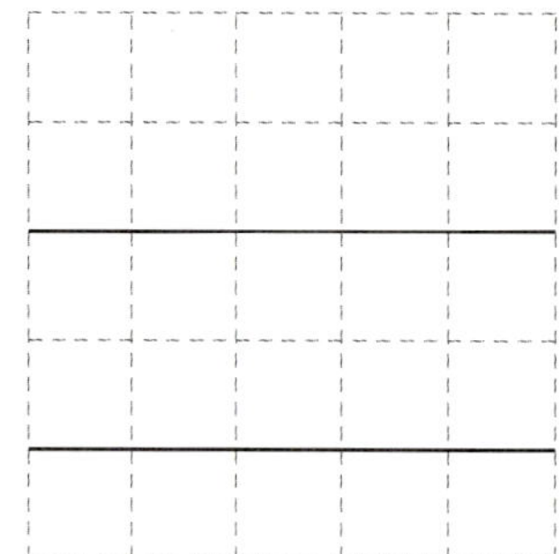

(6) 296×34

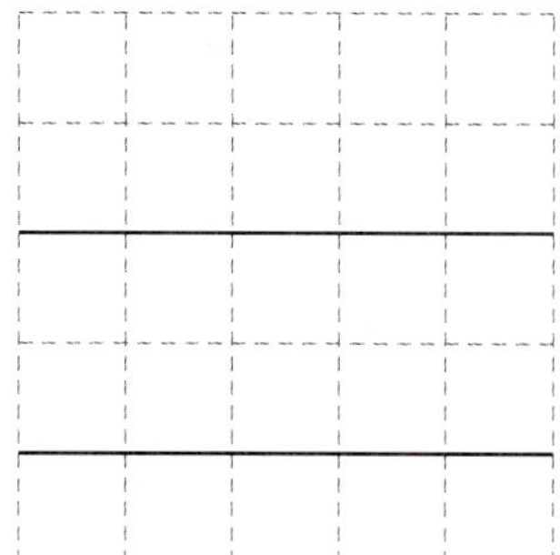

(7) 947×56

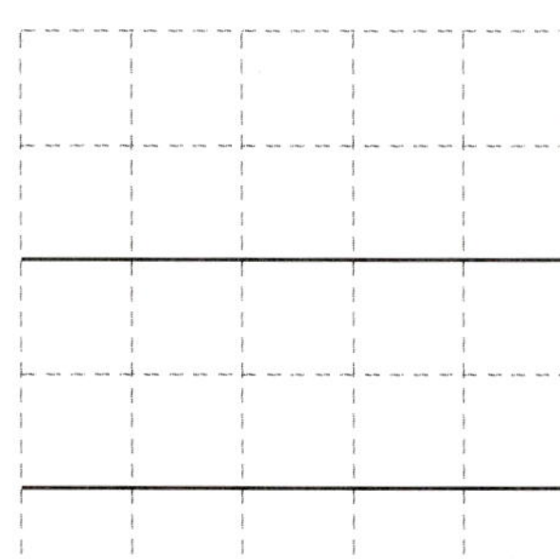

(8) 387×92

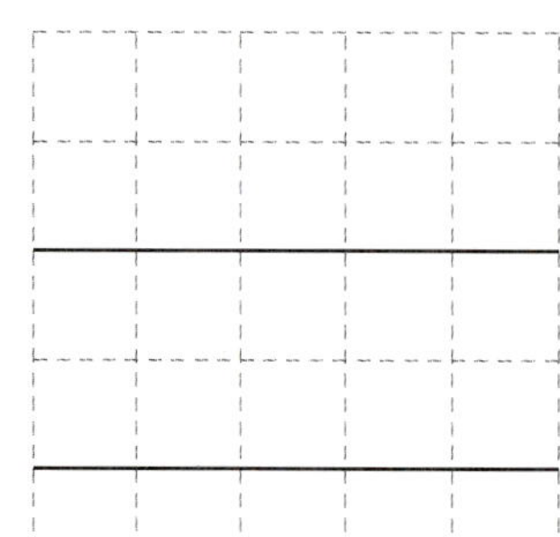

(9) 596×67

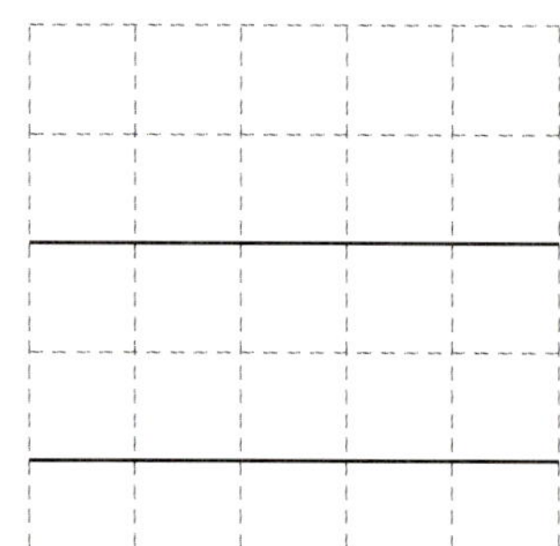

 가로셈을 세로셈으로 고쳐 계산할 때에는 자리를 맞추어 쓰고 일의 자리, 십의 자리의 순서로 계산합니다.

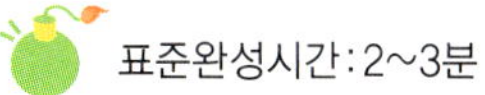

❖ 가로셈을 세로셈으로 고쳐 계산하시오.

(10) 395×36

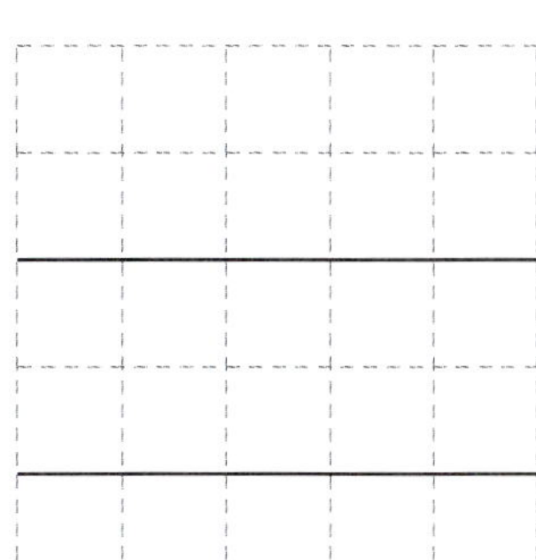

(11) 642×75

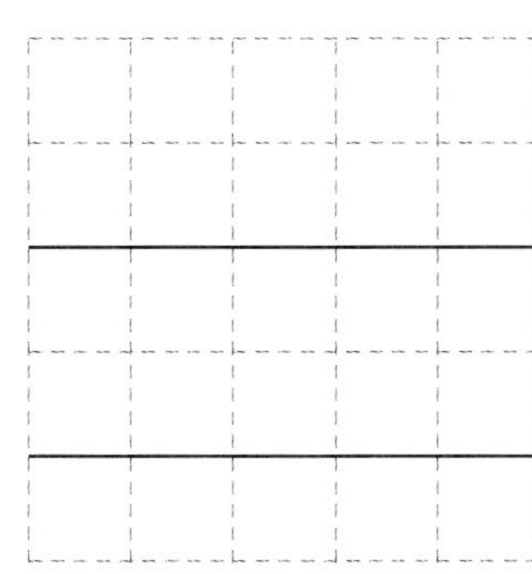

(12) 975×64

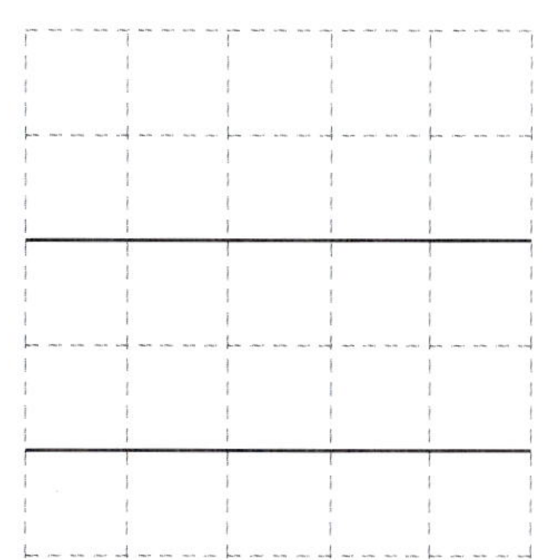

(13) 497×28

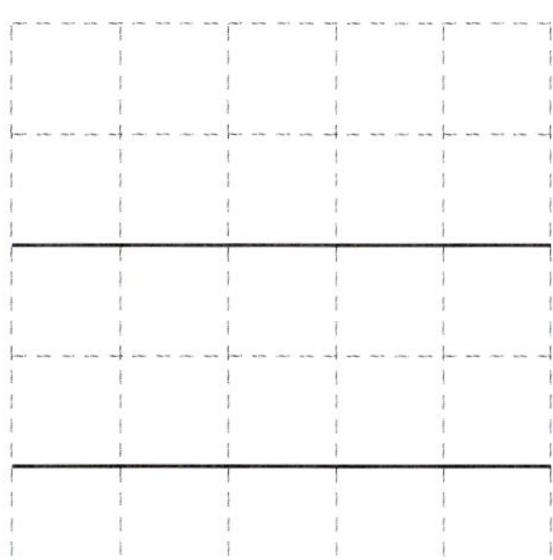

(14) 576×92

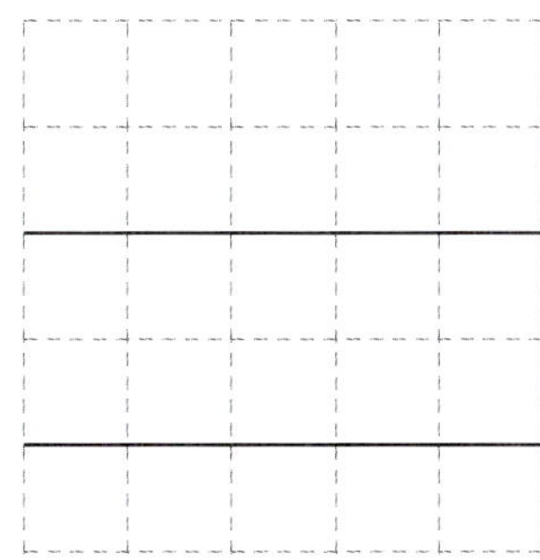

(15) 639×39

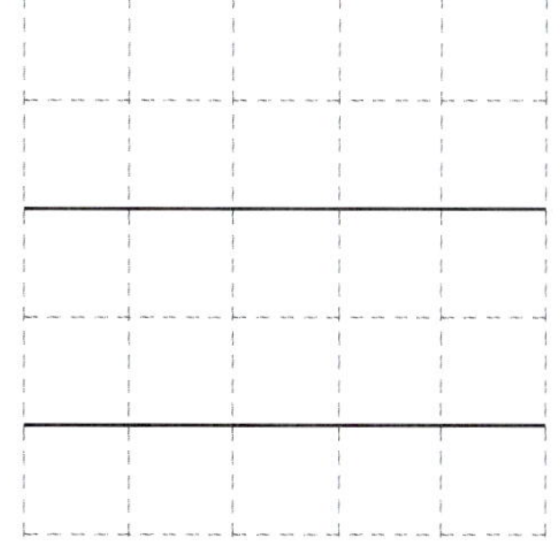

(16) 815×87

(17) 597×96

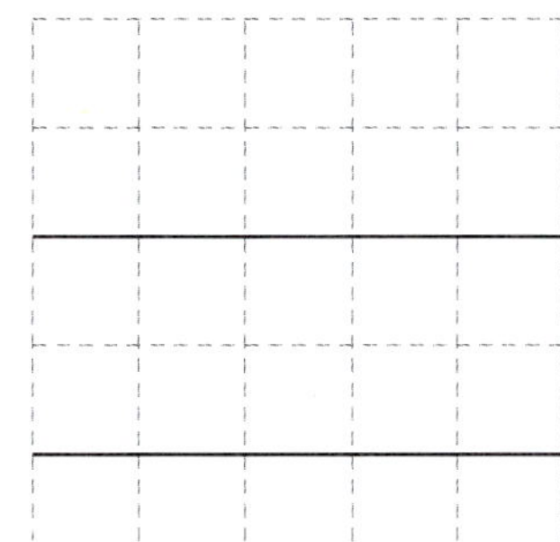

(18) 783×53

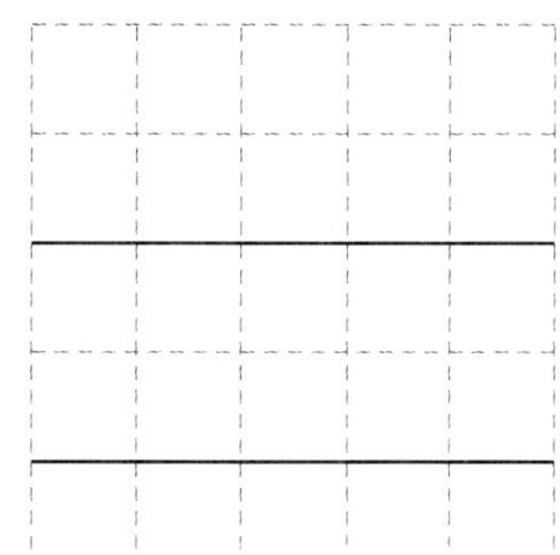

(세 자리 수)×(두 자리 수)

가로셈을 세로셈으로 고쳐 계산하시오.

(1) 539×69

(2) 678×63

(3) 966×98

(4) 291×72

(5) 427×98

(6) 714×75

(7) 524×87

(8) 916×94

(9) 639×86

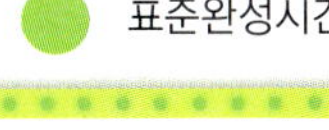

가로셈을 세로셈으로 고쳐 계산하시오.

(10) 997×58

(11) 285×65

(12) 906×76

(13) 765×24

(14) 246×67

(15) 857×49

(16) 887×49

(17) 461×73

(18) 985×68

21 차시 (세 자리 수)×(두 자리 수)

 빈칸에 알맞은 수를 써넣으시오.

×	780
50	39000
65	
72	
68	
90	
37	

×	387
30	
42	
28	
65	
74	
36	

가로줄과 세로줄에 있는 두 수의 곱을 구하여 빈칸에 씁니다.
올림이 있는 곱셈은 세로 형식으로 계산하면 편리합니다.

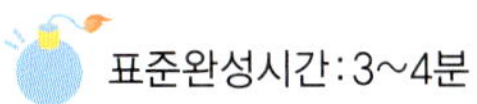

○ 빈칸에 알맞은 수를 써넣으시오.

×	849
40	33960
76	
94	
66	
57	
28	

×	609
71	
53	
18	
64	
29	
35	

22차시 (세 자리 수)×(두 자리 수)

 빈칸에 알맞은 수를 써넣으시오.

×	993	378	804
76	75468		
82			

×	386	294	736
58			
47			

빈칸에 알맞은 수를 써넣으시오.

×	728	456	364
43			
89			

×	337	197	256
96			
23			

23 차시 (세 자리 수)×(두 자리 수)

3단계

🍀 □ 안에 알맞은 숫자를 써넣으시오.

(1)
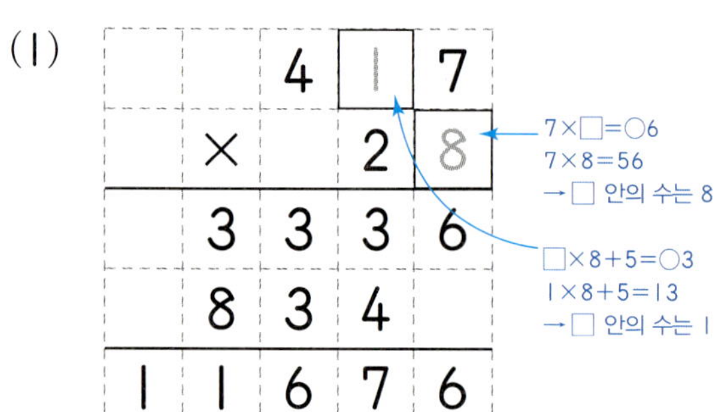

(2)

(3)

(4)

(5)

(6)
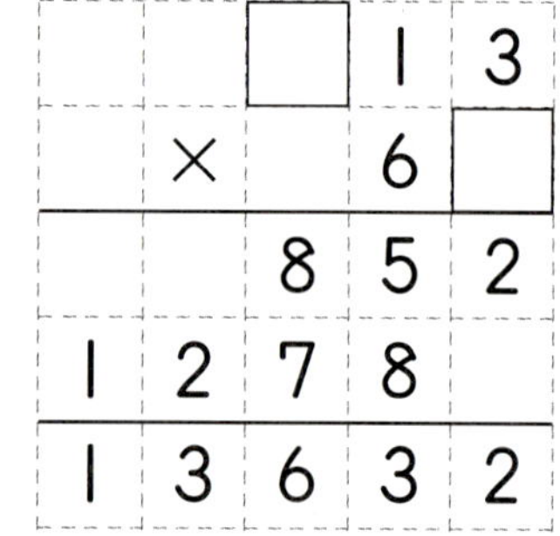

 일의 자리 또는 구하기 쉬운 □ 안에 알맞은 숫자부터 구해 봅니다. □ 안에 알맞은 숫자가 여러 개인 경우도 있는데, 이때는 각 경우에 대해 모두 생각해 봅니다.

□ 안에 알맞은 숫자를 써넣으시오.

(7)
```
      6 4 □
  ×     □ 6
  3 8 7 0
1 2 9 0
1 6 7 7 0
```

(8)
```
      5 6 □
  ×   □   1
    5 6 3
4 5 0 4
4 5 6 0 3
```

(9)
```
    2 □ 3
  ×   □ 5
  1 2 6 5
2 2 7 7
2 4 0 3 5
```

(10)
```
    8 □ 4
  ×   □ 8
  6 9 1 2
2 5 9 2
3 2 8 3 2
```

(11)
```
      7 9 □
  ×   □   7
  5 5 8 6
3 1 9 2
3 7 5 0 6
```

(12)
```
      6 0 □
  ×   □   4
  2 4 2 8
4 8 5 6
5 0 9 8 8
```

 빈칸에 알맞은 숫자를 써넣고, 곱을 구하시오.

465×38의 계산

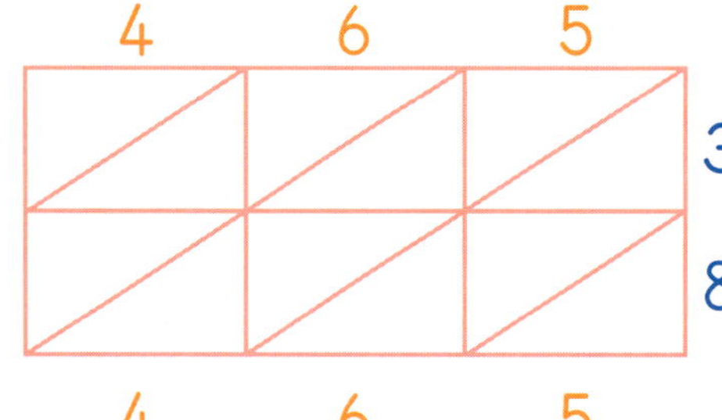

- 곱하는 수, 곱해지는 수만큼 칸을 만들고, 대각선을 긋습니다.
- 곱해지는 수를 가로의 칸 위에 씁니다.
- 곱하는 수를 오른쪽 옆의 세로 칸에 씁니다.

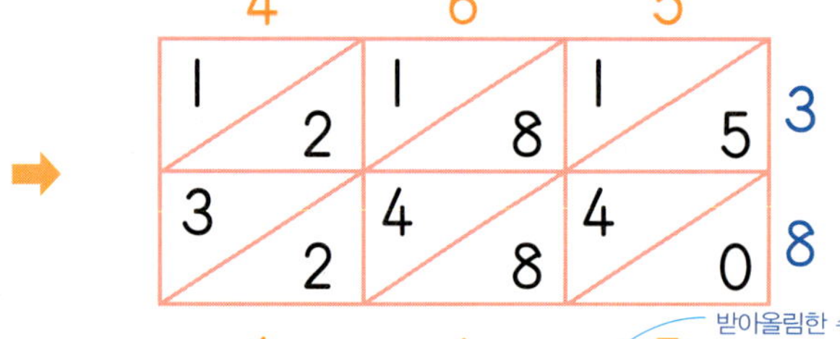

- 일의 자리의 곱부터 두 일의 자리가 만나는 칸에 대각선으로 나누어진 부분에 위쪽에는 십의 자리 숫자를, 아래쪽에는 일의 자리 숫자를 씁니다.

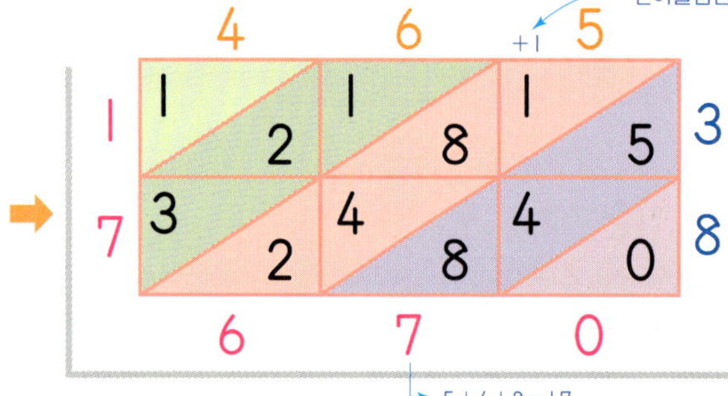

- 오른쪽 아래 칸부터 안에 쓰여진 수를 대각선으로 더합니다.
- 10 이상일 경우 위의 자리로 받아올림 합니다.
- 더한 수를 가로의 아래쪽과 세로의 왼쪽에 씁니다.
- 세로의 왼쪽 위부터 가로의 아래 끝까지의 수를 차례로 쓰면 두 수의 곱이 됩니다.

465×38=17670

(1) 321×12=

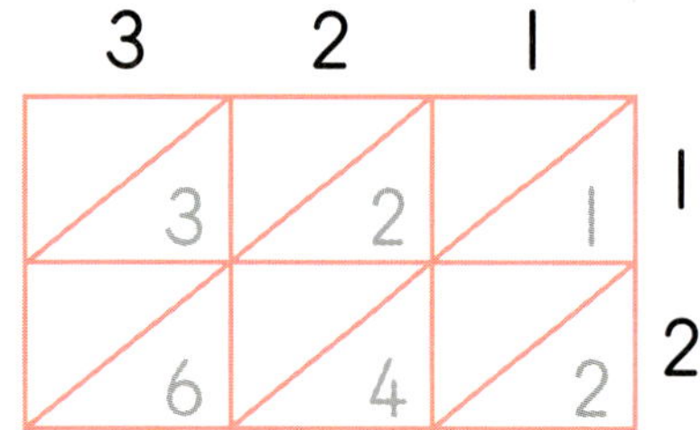

(2) 624×56=

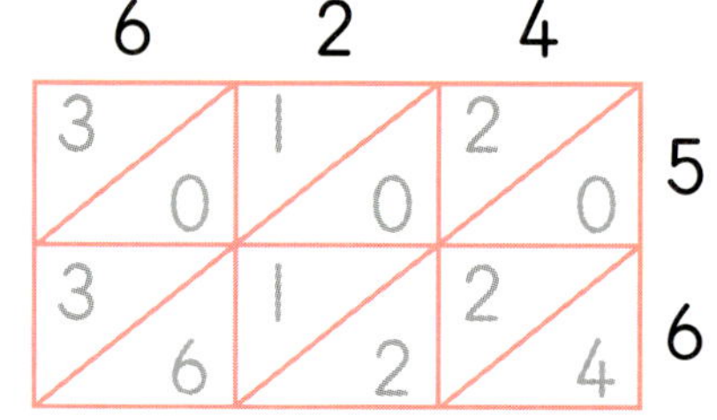

 격자 곱셈표를 이용한 곱셈은 곱셈구구와 받아올림이 있는 덧셈만 알아도 계산할 수 있는 장점이 있지만 두 수의 곱을 여러 곳에 쓰므로 혼란스러운 점이 있다는 것은 다소 불편한 점입니다.

✿ 빈칸에 알맞은 숫자를 써넣고, 곱을 구하시오.

(3) $413 \times 26 =$

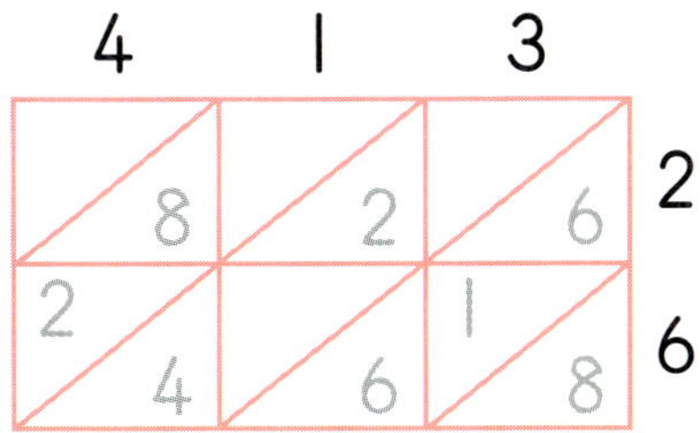

(4) $416 \times 25 =$

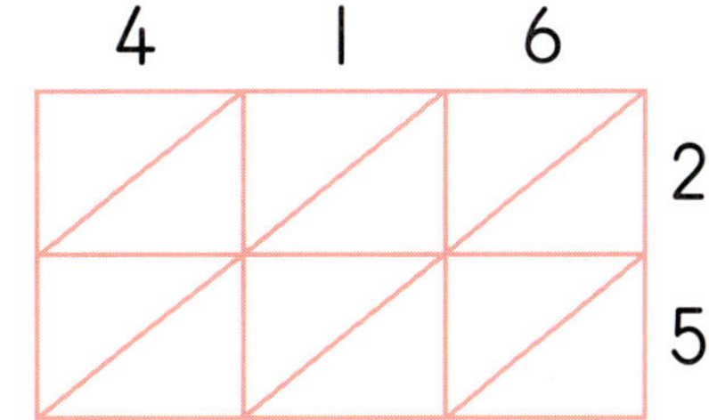

(5) $708 \times 95 =$

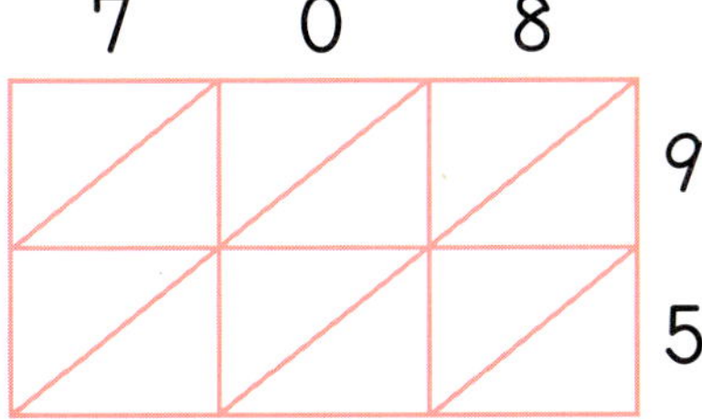

(6) $367 \times 39 =$

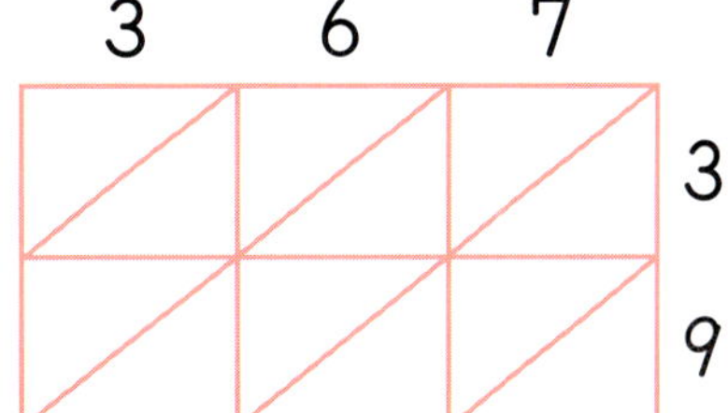

(7) $525 \times 48 =$

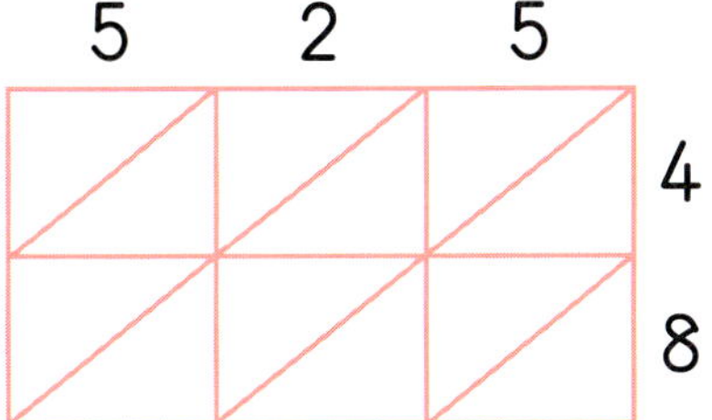

(8) $868 \times 45 =$

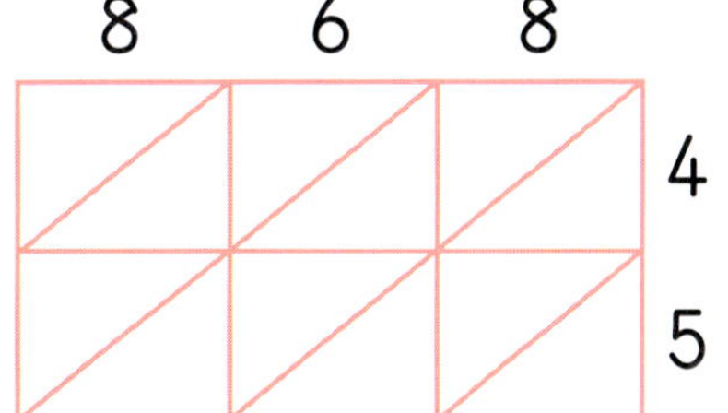

 **3주** (네 자리 수)×(두 자리 수)

학습 체크표 매일 학습이 끝나면 채점을 하고 체크표를 작성하여 나의 실력을 알아보세요.

차시	단계	공부한 날	잘 했나요?
25차시	1단계	월 일	😊 🙂 😑 😣
26차시		월 일	😊 🙂 😑 😣
27차시		월 일	😊 🙂 😑 😣
28차시		월 일	😊 🙂 😑 😣
29차시		월 일	😊 🙂 😑 😣
30차시		월 일	😊 🙂 😑 😣
31차시		월 일	😊 🙂 😑 😣
32차시		월 일	😊 🙂 😑 😣
33차시	2단계	월 일	😊 🙂 😑 😣
34차시		월 일	😊 🙂 😑 😣
35차시	3단계	월 일	😊 🙂 😑 😣
36차시		월 일	😊 🙂 😑 😣

틀린 개수가

0~1개이면 😊 (아주 잘함)에, 2~3개이면 🙂 (잘함)에,

4~5개이면 😑 (보통)에, 6개 이상이면 😣 (노력 바람)에 색칠해 주세요.

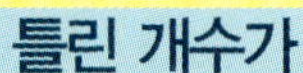

만화로 개념 알아보기

(네 자리 수)×(두 자리 수)의 곱셈을 여러 가지 방법으로 숙달하고, 네 자리 수의 곱셈의 기초를 다집니다.

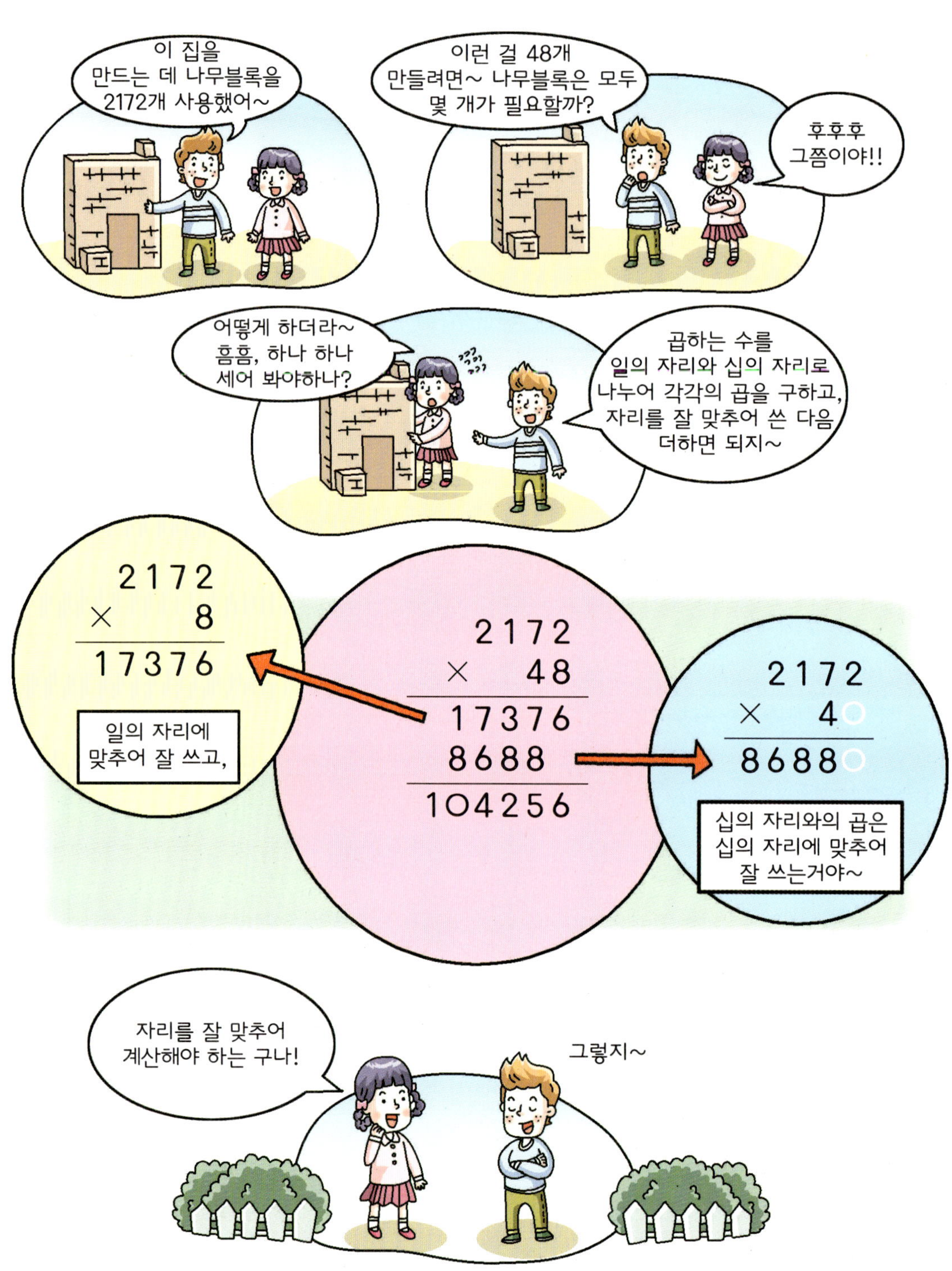

이 집을 만드는 데 나무블록을 2172개 사용했어~
이런 걸 48개 만들려면~ 나무블록은 모두 몇 개가 필요할까?
후후후 그쯤이야!!
어떻게 하더라~ 흠흠, 하나 하나 세어 봐야하나?
곱하는 수를 일의 자리와 십의 자리로 나누어 각각의 곱을 구하고, 자리를 잘 맞추어 쓴 다음 더하면 되지~
2172
× 8
17376
일의 자리에 맞추어 잘 쓰고,
2172
× 48
17376
8688
104256
2172
× 4
8688
십의 자리와의 곱은 십의 자리에 맞추어 잘 쓰는거야~
자리를 잘 맞추어 계산해야 하는 구나!
그렇지~

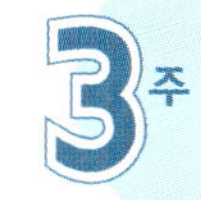

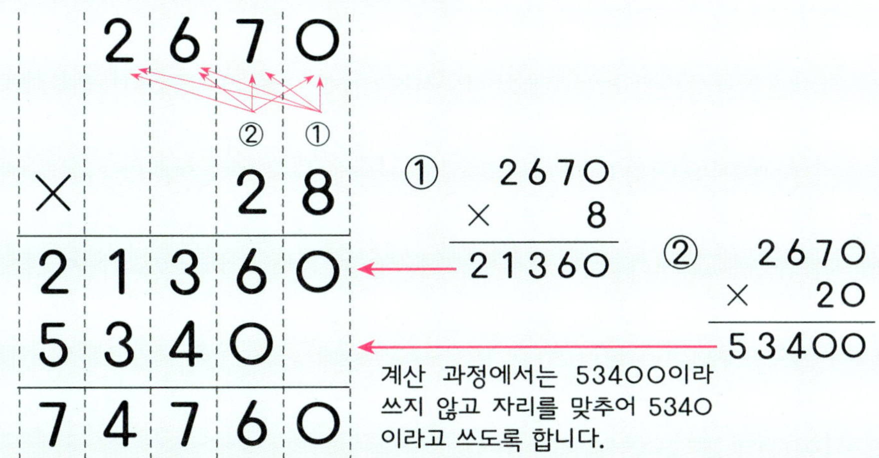

계산 과정에서는 53400이라 쓰지 않고 자리를 맞추어 5340 이라고 쓰도록 합니다.

① 2670과 일의 자리 숫자 8을 곱합니다.

② 2670과 십의 자리 숫자 2의 곱을 구하여 십의 자리부터 씁니다.

③ 두 곱을 더합니다.

→ 배 모형을 붙이는데 필요한 색종이 값은 모두 74760원입니다.

➕ 곱셈을 하시오.

(1)
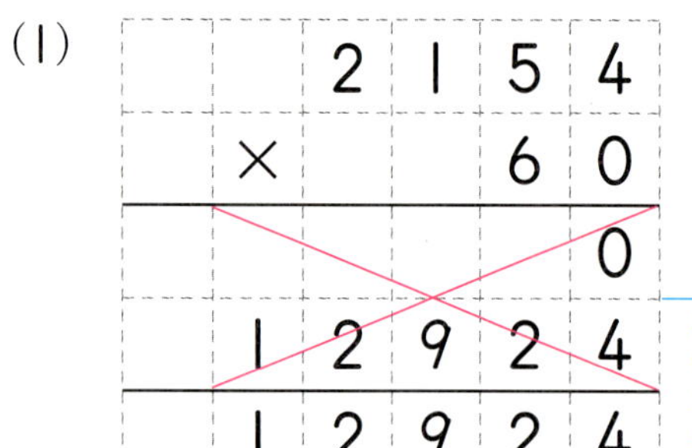

곱하는 수의 0을 내려 쓴 다음, 십의 자리 숫자인 6과 2154의 곱을 0의 왼쪽에 씁니다.

```
    2 1 5 4
  ×     6 0
  ─────────
1 2 9 2 4 0
```

(2)
```
      2 7 3 6
  ×       9 5
  ───────────
    1 3 6 8 0   ← 2736×5=13680
  2 4 6 2 4     ← 2736×9=24624
  ───────────
```

(3)
```
      3 2 6 6
  ×       6 7
  ───────────
```

(4)
```
      3 8 8 5
  ×       9 8
  ───────────
              ← 3885×8
              ← 3885×9
  ───────────
```

(5)
```
      4 0 5 8
  ×       2 4
  ───────────
```

 꼭꼭　곱하는 수를 일의 자리와 십의 자리로 나누어 각각의 곱을 구하여 자리를 맞추어 쓴 다음 더합니다.

 곱셈을 하시오.

(6)
$$\begin{array}{r} 4\,3\,0\,0 \\ \times\quad\ \ 6\,0 \\ \hline \end{array}$$

(7)
$$\begin{array}{r} 5\,2\,3\,0 \\ \times\quad\ \ 5\,0 \\ \hline \end{array}$$

(8)
$$\begin{array}{r} 6\,1\,5\,8 \\ \times\quad\ \ 7\,0 \\ \hline \end{array}$$

(9)
$$\begin{array}{r} 7\,4\,3\,9 \\ \times\quad\ \ 2\,0 \\ \hline \end{array}$$

(10)
$$\begin{array}{r} 9\,8\,7\,5 \\ \times\quad\ \ 3\,0 \\ \hline \end{array}$$

(11)
$$\begin{array}{r} 1\,1\,3\,8 \\ \times\quad\ \ 8\,0 \\ \hline \end{array}$$

(12)
$$\begin{array}{r} 2\,4\,3\,5 \\ \times\quad\ \ 9\,0 \\ \hline \end{array}$$

(13)
$$\begin{array}{r} 3\,5\,2\,4 \\ \times\quad\ \ 4\,0 \\ \hline \end{array}$$

26차시 **(네 자리 수)×(두 자리 수)**  **1**단계

곱셈을 하시오.

(1)
```
    5 3 0 0
  ×     4 8
```

(2)
```
    5 3 6 4
  ×     1 6
```

(3)
```
    6 4 8 2
  ×     5 7
```

(4)
```
    3 5 4 6
  ×     6 2
```

(5)
```
    7 0 5 8
  ×     4 5
```

(6)
```
    8 4 5 8
  ×     7 4
```

곱셈을 하시오.

(7)
$$8729 \times 68$$

(8)
$$4852 \times 27$$

(9)
$$9954 \times 79$$

(10)
$$9825 \times 35$$

(11)
$$5364 \times 34$$

(12)
$$6847 \times 43$$

✚ 곱셈을 하시오.

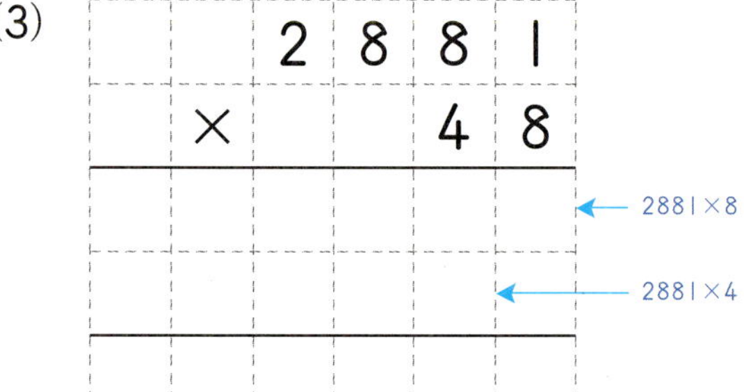

(1)
$$1420 \times 7 = 9940$$
$$1420 \times 9 = 12780$$

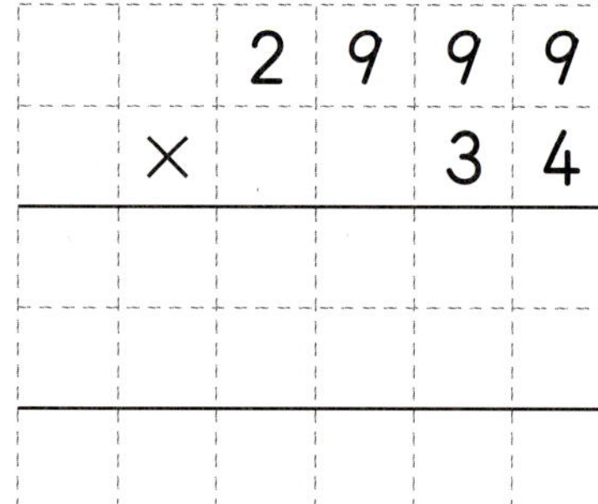

(2)

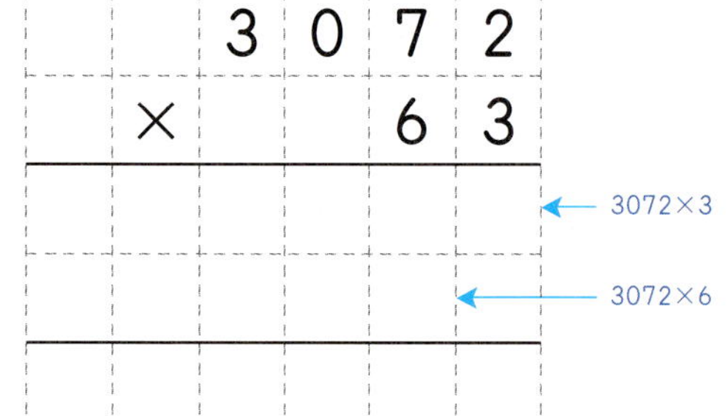

(3)
2881×8
2881×4

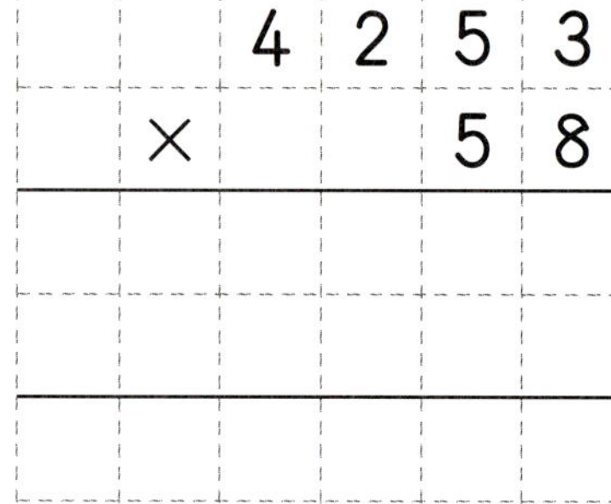

(4)

(5)
3072×3
3072×6

(6)

 곱하는 수를 일의 자리와 십의 자리로 나누어 각각의 곱을 구하여 자리를 맞추어 쓴 다음 더합니다.

✿ 곱셈을 하시오.

(7)

$$\begin{array}{r} 4738 \\ \times\ \ 68 \\ \hline \end{array}$$

(8)

$$\begin{array}{r} 6813 \\ \times\ \ 47 \\ \hline \end{array}$$

(9)

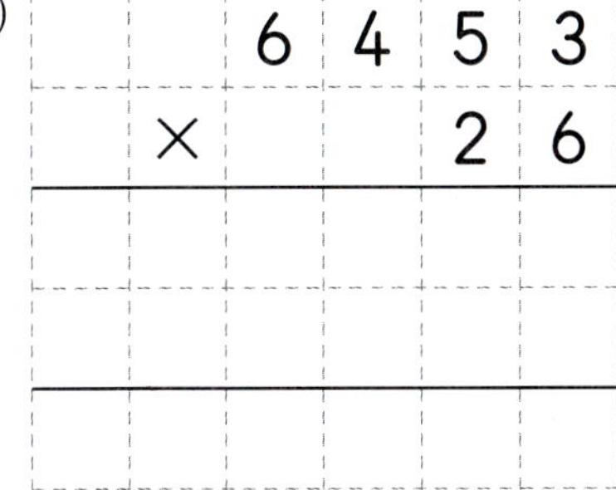

$$\begin{array}{r} 5004 \\ \times\ \ 45 \\ \hline \end{array}$$

(10)

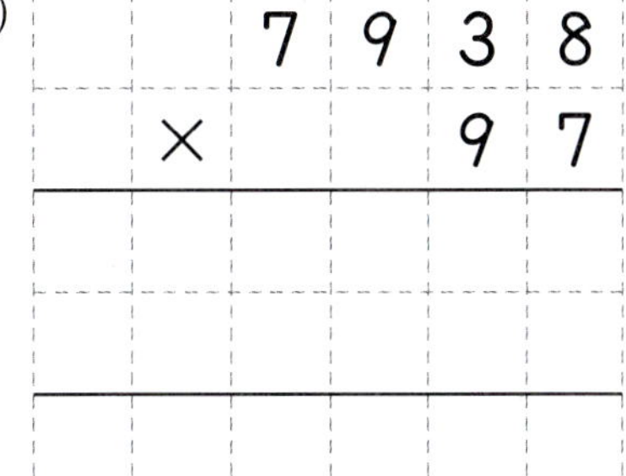

$$\begin{array}{r} 9345 \\ \times\ \ 39 \\ \hline \end{array}$$

(11)

$$\begin{array}{r} 6453 \\ \times\ \ 26 \\ \hline \end{array}$$

(12)

$$\begin{array}{r} 7938 \\ \times\ \ 97 \\ \hline \end{array}$$

 곱셈을 하시오.

(1)
$$
\begin{array}{r}
2\,4\,8\,0 \\
\times\qquad 5\,3 \\
\hline
\end{array}
$$

(2)
$$
\begin{array}{r}
2\,6\,9\,6 \\
\times\qquad 4\,8 \\
\hline
\end{array}
$$

(3)
$$
\begin{array}{r}
3\,1\,4\,7 \\
\times\qquad 9\,4 \\
\hline
\end{array}
$$

(4)
$$
\begin{array}{r}
3\,7\,7\,3 \\
\times\qquad 3\,6 \\
\hline
\end{array}
$$

(5)
$$
\begin{array}{r}
4\,3\,6\,6 \\
\times\qquad 7\,8 \\
\hline
\end{array}
$$

(6)
$$
\begin{array}{r}
5\,9\,9\,8 \\
\times\qquad 2\,9 \\
\hline
\end{array}
$$

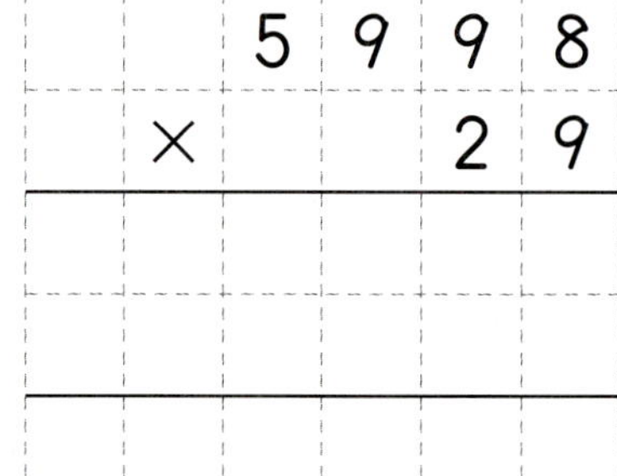

곱셈을 하시오.

(7)
$$
\begin{array}{r}
5268 \\
\times\ \ 17 \\
\hline
\end{array}
$$

(8)
$$
\begin{array}{r}
3497 \\
\times\ \ 58 \\
\hline
\end{array}
$$

(9)
$$
\begin{array}{r}
6431 \\
\times\ \ 39 \\
\hline
\end{array}
$$

(10)
$$
\begin{array}{r}
5788 \\
\times\ \ 43 \\
\hline
\end{array}
$$

(11)
$$
\begin{array}{r}
3226 \\
\times\ \ 92 \\
\hline
\end{array}
$$

(12)
$$
\begin{array}{r}
8757 \\
\times\ \ 36 \\
\hline
\end{array}
$$

3주

29 차시 (네 자리 수)×(두 자리 수) **1단계**

 곱셈을 하시오.

(1)

```
    1758
  ×   83
  ──────
    5274
   14064
```

① 1758×3=5274는 1758과 일의 자리 수와의 곱이므로 5274를 일의 자리에 맞추어 씁니다.
② 1758×8=14064는 1758과 십의 자리 수와의 곱이므로 14064를 십의 자리에 맞추어 씁니다.
③ 두 곱을 더합니다.

(2)

```
    2151
  ×   66
```

(3)

```
    1964
  ×   37
```

(4)

```
    3951
  ×   48
```

(5)

```
    2385
  ×   74
```

(6)

```
    5452
  ×   88
```

(7)

```
    3755
  ×   49
```

 곱셈에서 실수가 많은 경우는 올림을 생각하지 못했을 때와 각 자리 수의 곱셈 결과를 나타낼 때 자리를 잘못 맞추었을 때입니다. 주의하도록 합니다.

곱셈을 하시오.

(8)
$$
\begin{array}{r}
5485 \\
\times\ \ \ 54 \\
\hline
\end{array}
$$

(9)
$$
\begin{array}{r}
5254 \\
\times\ \ \ 43 \\
\hline
\end{array}
$$

(10)
$$
\begin{array}{r}
6927 \\
\times\ \ \ 25 \\
\hline
\end{array}
$$

(11)
$$
\begin{array}{r}
6025 \\
\times\ \ \ 29 \\
\hline
\end{array}
$$

(12)
$$
\begin{array}{r}
7685 \\
\times\ \ \ 85 \\
\hline
\end{array}
$$

(13)
$$
\begin{array}{r}
2567 \\
\times\ \ \ 76 \\
\hline
\end{array}
$$

(14)
$$
\begin{array}{r}
3876 \\
\times\ \ \ 81 \\
\hline
\end{array}
$$

(15)
$$
\begin{array}{r}
8983 \\
\times\ \ \ 38 \\
\hline
\end{array}
$$

(16)
$$
\begin{array}{r}
8308 \\
\times\ \ \ 66 \\
\hline
\end{array}
$$

 곱셈을 하시오.

(1)
```
    9138
×     41
```

(2)
```
    7532
×     58
```

(3)
```
    8202
×     27
```

(4)
```
    6406
×     39
```

(5)
```
    5233
×     72
```

(6)
```
    9368
×     65
```

(7)
```
    3601
×     92
```

(8)
```
    5714
×     36
```

(9)
```
    6379
×     47
```

 곱셈을 하시오.

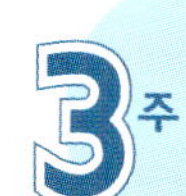

(10)
```
    9508
×     23
```

(11)
```
    7265
×     62
```

(12)
```
    8127
×     54
```

(13)
```
    4834
×     93
```

(14)
```
    5263
×     86
```

(15)
```
    1731
×     25
```

(16)
```
    4276
×     28
```

(17)
```
    8122
×     44
```

(18)
```
    3954
×     17
```

 곱셈을 하시오.

(1) 9063×37

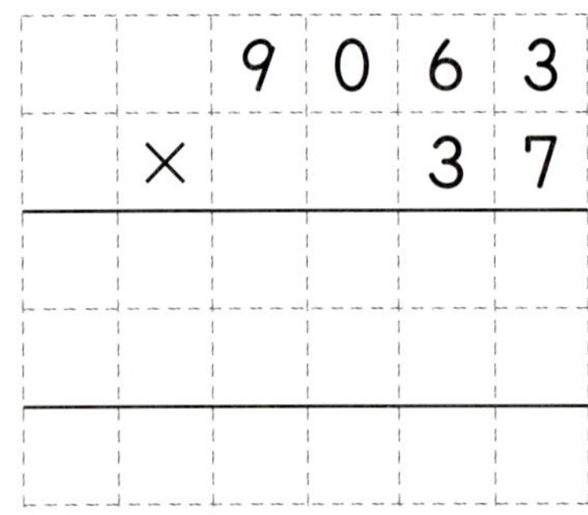

(2) 6015×48

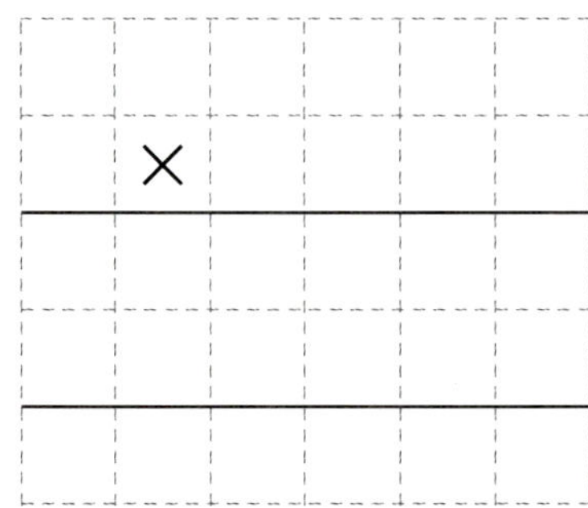

(3) 7006×24

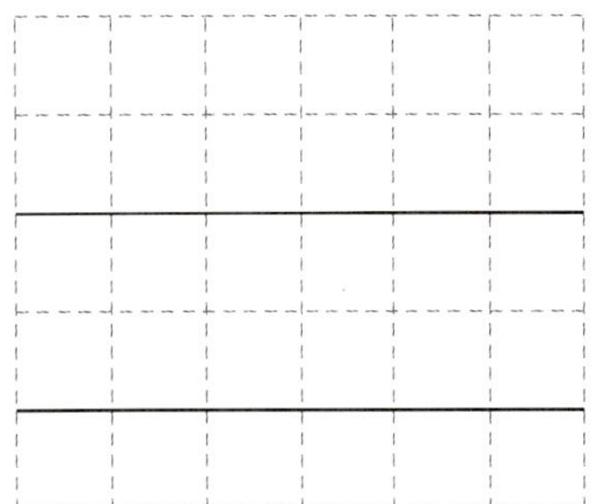

(4) 8048×25

(5) 4606×17

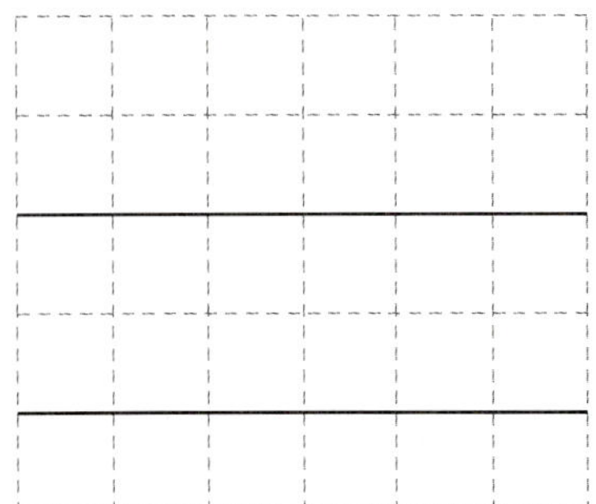

(6) 5317×93

 가로셈을 세로셈으로 고쳐 계산할 때에는 자리를 맞추어 쓰고 일의 자리, 십의 자리의 순서로 계산합니다.

곱셈을 하시오.

(7) 7245×49

(8) 2836×93

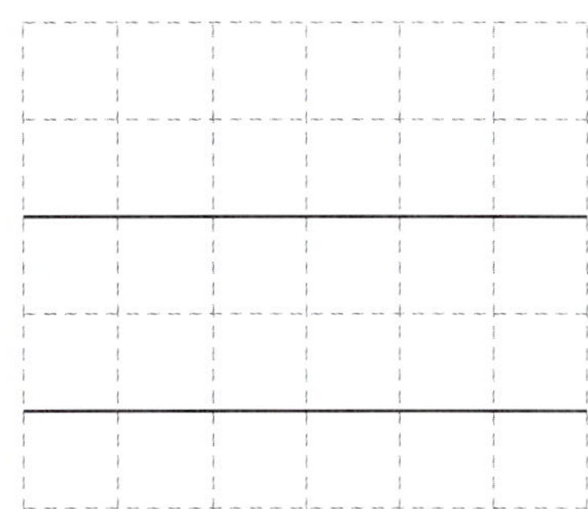

(9) 1864×62

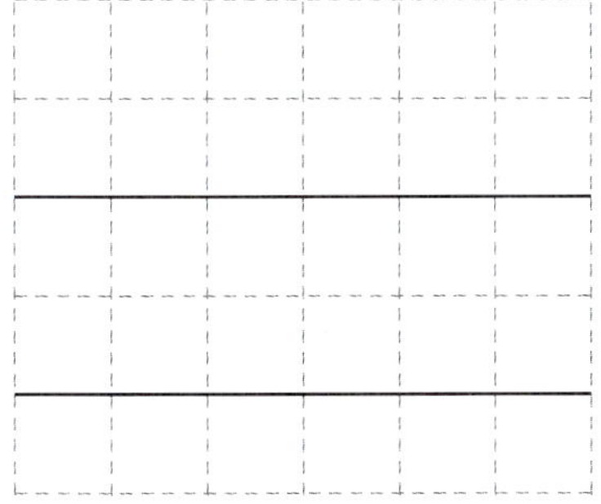

(10) 2573×67

(11) 5458×36

(12) 7257×58

32차시 (네 자리 수)×(두 자리 수)

 가로셈을 세로셈으로 고쳐 계산하시오.

(1) 4326×27

(2) 8313×42

(3) 5429×63

(4) 4051×96

(5) 6353×77

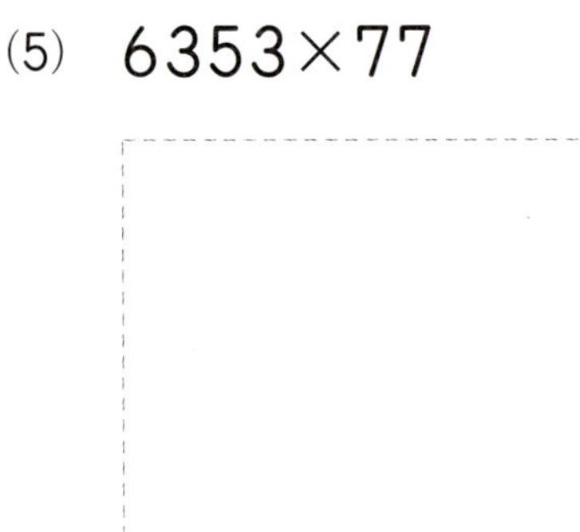

(6) 8461×19

가로셈을 세로셈으로 고쳐 계산하시오.

(7) 5352×98

(8) 7543×54

(9) 1915×37

(10) 6564×86

(11) 5462×39

(12) 7933×54

33 차시 (네 자리 수)×(두 자리 수)

2단계

 빈칸에 알맞은 수를 써넣으시오.

×	5530
80	442400
77	
21	
48	
50	
35	

×	2757
40	
28	
34	
41	
95	
36	

 가로줄과 세로줄에 있는 두 수의 곱을 구하여 빈칸에 씁니다.
올림이 있는 곱셈은 세로 형식으로 계산하면 편리합니다.

● 빈칸에 알맞은 수를 써넣으시오.

×	8729
60	523740
67	
49	
74	
53	
82	

×	9569
15	
57	
32	
46	
71	
84	

34 차시 (네 자리 수)×(두 자리 수)

 빈칸에 알맞은 수를 써넣으시오.

×	8463	2798	9324
66	558558		
72			

×	2667	7625	1038
48			
89			

● 빈칸에 알맞은 수를 써넣으시오.

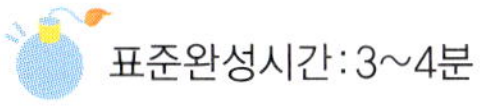

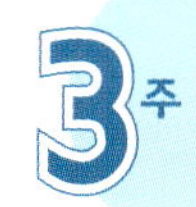

3주

×	2532	4356	2957
53			
65			

×	6281	2837	5895
17			
38			

(네 자리 수)×(두 자리 수)

✤ □ 안에 알맞은 숫자를 써넣으시오.

(1)

```
        8 0 4 6
      ×     5 4
      3 2 1 8 4
    4 0 2 3 0
    4 3 4 4 8 4
```

6×□=○4
→ □ 안의 수는 4 또는 9
□×5+3=23

(2)

```
        5 2 □ 0
      ×     2 □
      4 7 1 6 0
    1 0 4 8 0
    1 5 1 9 6 0
```

(3)

```
        5 □ 3 6
      ×       8
      4 0 2 8 8
    2 5 1 8 0
    2 9 2 0 8 8
```

□×8+2=○2
→ □ 안의 수는 0 또는 5
6×□=○0

(4)

```
        6 □ 4 3
      ×     □ 6
      3 8 0 5 8
    3 1 7 1 5
    3 5 5 2 0 8
```

(5)

```
        □ 8 8 4
      ×     3 □
      6 3 0 7 2
    2 3 6 5 2
    2 9 9 5 9 2
```

(6)

```
        □ 4 5 8
      ×     4 □
      3 7 2 9 0
    2 9 8 3 2
    3 3 5 6 1 0
```


일의 자리 또는 구하기 쉬운 □ 안에 알맞은 숫자부터 구해 봅니다. □ 안에 알맞은 숫자가 여러 개인 경우도 있는데, 이때는 각 경우에 대해 모두 생각해 봅니다.

✚ □ 안에 알맞은 숫자를 써넣으시오.

(7)

		4	8	2	□
	×			□	8
	3	8	6	0	0
1	4	4	7	5	
1	8	3	3	5	0

(8)

		9	0	1	□
	×			□	5
	4	5	0	7	5
2	7	0	4	5	
3	1	5	5	2	5

(9)

	□	7	3	1	
	×		□		8
	6	1	8	4	8
1	5	4	6	2	
2	1	6	4	6	8

(10)

	□	2	2	0	
	×		□		7
	2	9	5	4	0
2	5	3	2	0	
2	8	2	7	4	0

(11)

		3	8	1	□
	×			4	□
	2	2	8	8	4
1	5	2	5	6	
1	7	5	4	4	4

(12)

		5	5	3	□
	×			9	□
	2	2	1	2	8
4	9	7	8	8	
5	2	0	0	0	8

3주

36차시 (네 자리 수)×(두 자리 수) · 3단계

빈칸에 알맞은 숫자를 써넣고, 곱을 구하시오.

4527×42의 계산

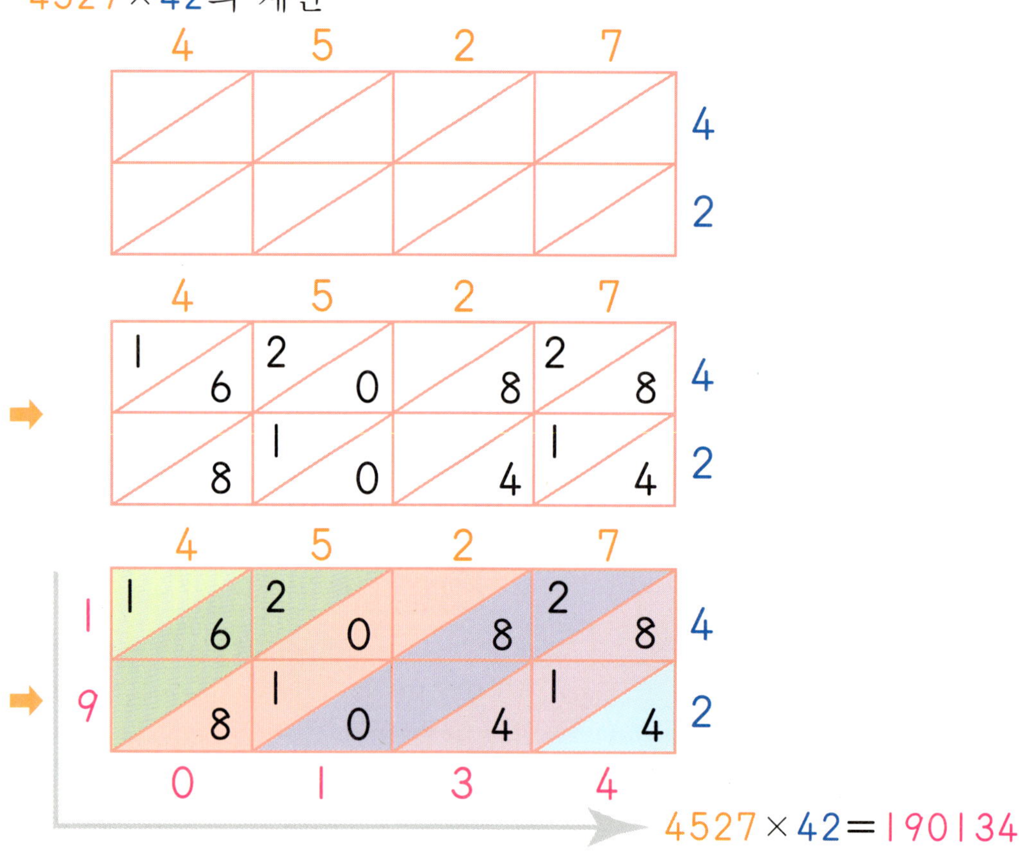

$$4527 \times 42 = 190134$$

(1) 6754×93=

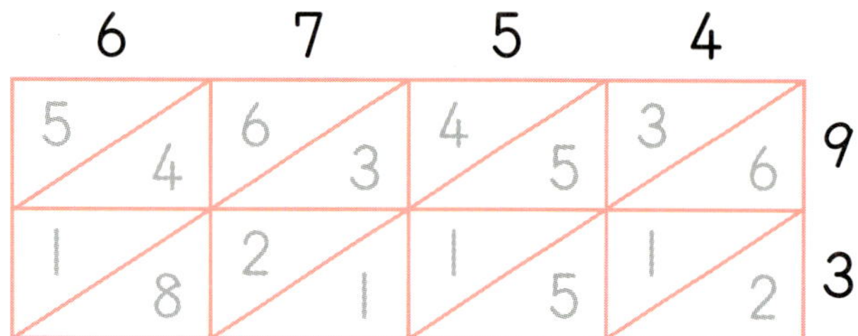

 격자 곱셈표를 이용한 곱셈은 곱셈구구와 받아올림이 있는 덧셈만 알아도 계산할 수 있는 장점이 있지만 두 수의 곱을 여러 곳에 쓰므로 혼란스러운 점이 있다는 것은 다소 불편한 점입니다.

✦ 빈칸에 알맞은 숫자를 써넣고, 곱을 구하시오.

(2) $5742 \times 54 =$

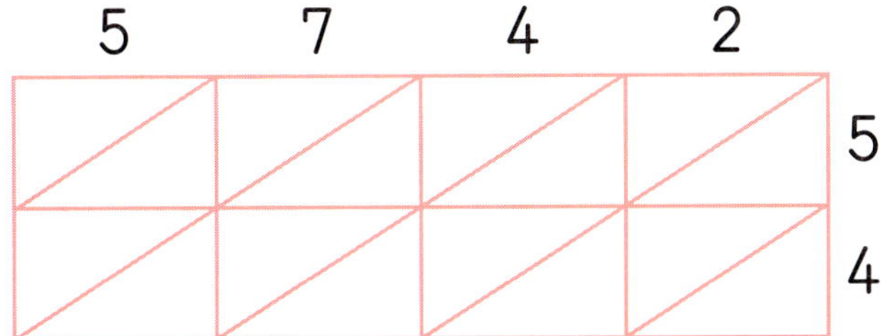

(3) $7849 \times 85 =$

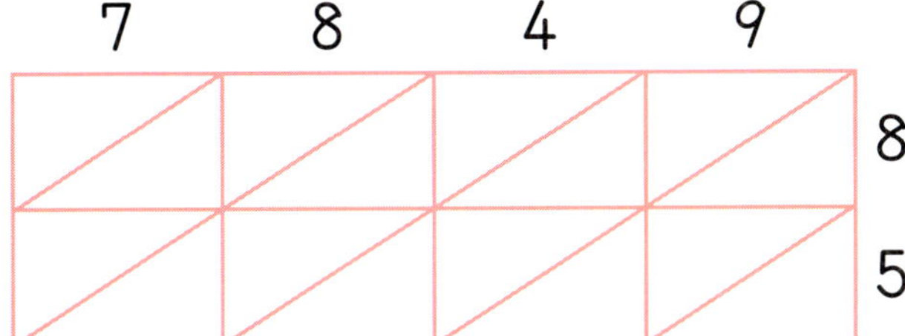

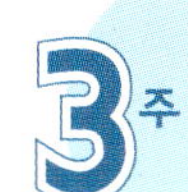

(4) $6398 \times 26 =$

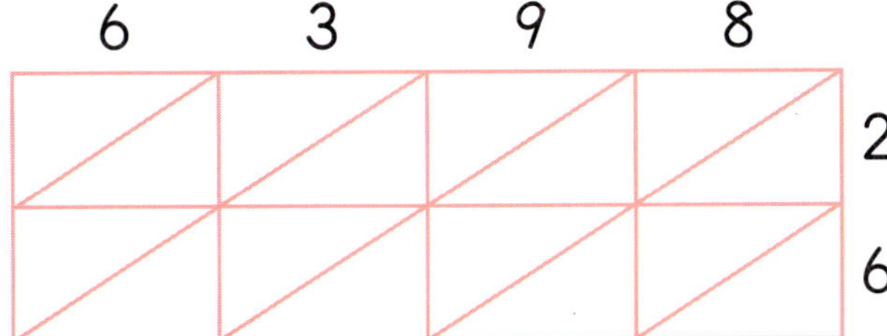

(5) $3847 \times 39 =$

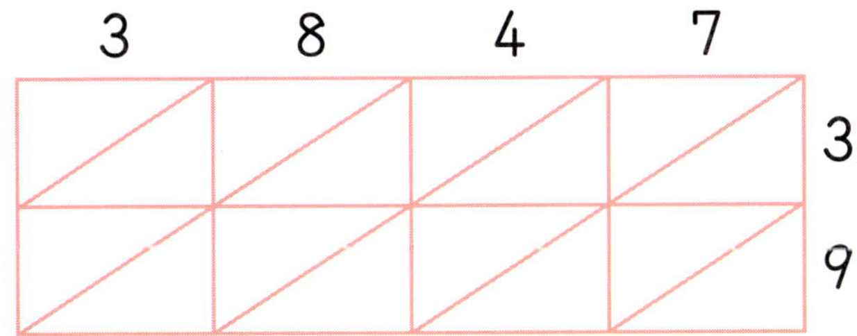

 **4주** (세 자리 수)×(세 자리 수)

학습 체크표 매일 학습이 끝나면 채점을 하고 체크표를 작성하여 나의 실력을 알아보세요.

차시	단계	공부한 날	잘 했나요?			
37차시		월 일	☺	☺	😐	😣
38차시		월 일	☺	☺	😐	😣
39차시		월 일	☺	☺	😐	😣
40차시	1단계	월 일	☺	☺	😐	😣
41차시		월 일	☺	☺	😐	😣
42차시		월 일	☺	☺	😐	😣
43차시		월 일	☺	☺	😐	😣
44차시		월 일	☺	☺	😐	😣
45차시	2단계	월 일	☺	☺	😐	😣
46차시		월 일	☺	☺	😐	😣
47차시	3단계	월 일	☺	☺	😐	😣
48차시		월 일	☺	☺	😐	😣

틀린 개수가

0~1 개이면 ☺(아주 잘함)에, 2~3 개이면 ☺(잘함)에,

4~5 개이면 😐(보통)에, 6개 이상이면 😣(노력 바람)에 색칠해 주세요.

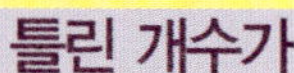

만화로 개념 알아보기

학습목표 (세 자리 수)×(세 자리 수)의 곱셈을 여러 가지 방법으로 숙달하고, 곱셈의 기초를 완성합니다.

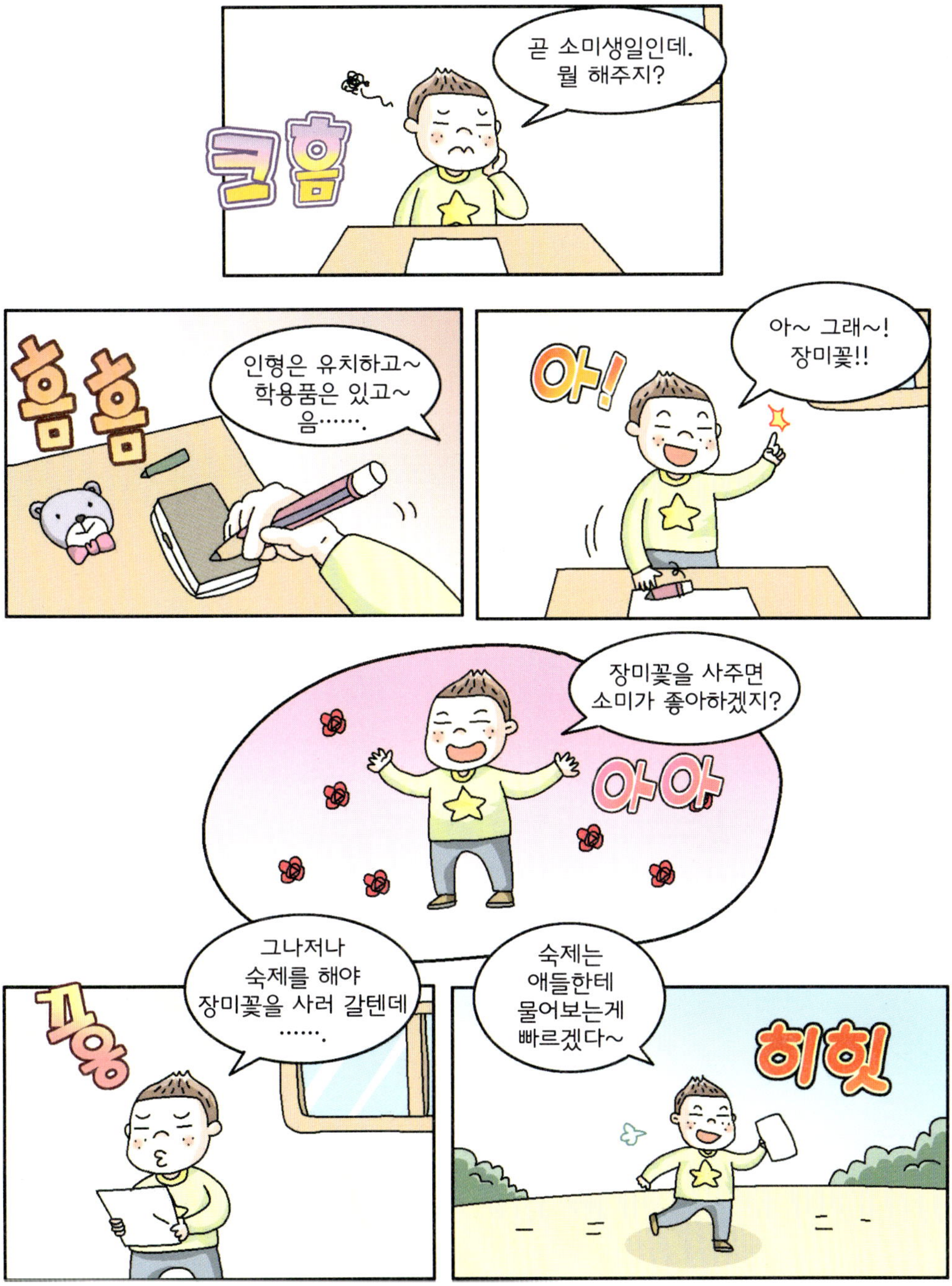

얘들아~ 이것 봐~
응?
이상하게 답이 안나와~
으이그~ 자리를 잘못 맞췄잖아~
3444 일의 자리에 맞춰 쓰고~
2870 십의 자리에 맞춰 쓰고~
1722 백의 자리에 맞춰 쓰고~
자리를 잘 맞춘 다음 더하면
574
×356
3444
574
×356
3444
2870
574
×356
3444
2870
1722
574
×356
3444
2870
1722
204344
자리를 잘 맞추어야 하는구나~
곱하는 수는 일의 자리, 십의 자리, 백의 자리로 나누어 각각의 곱을 구하여 자리를 잘 맞추어 쓴 다음 더하는 거지!
그렇지~

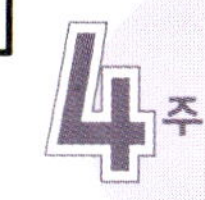

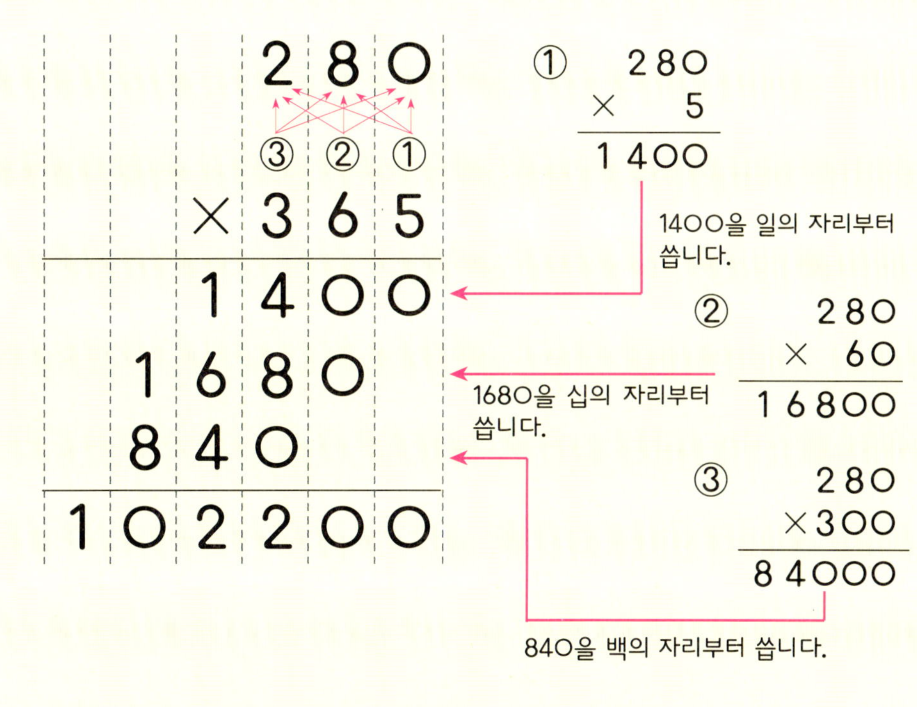

→ 장미의 값은 모두 102200원입니다.

 **37**차시 **(세 자리 수)×(세 자리 수)**

 곱셈을 하시오.

(1)

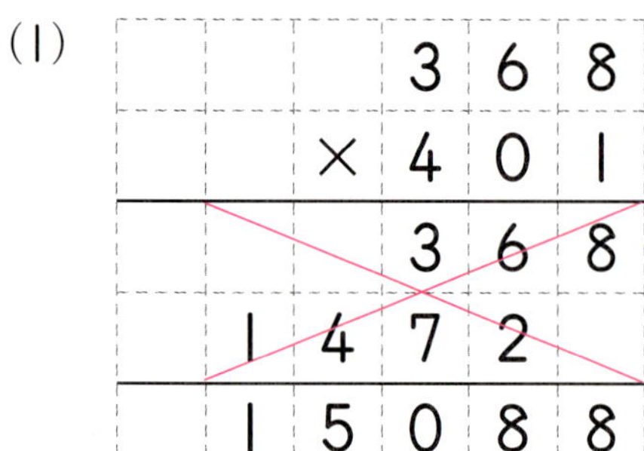

(2)

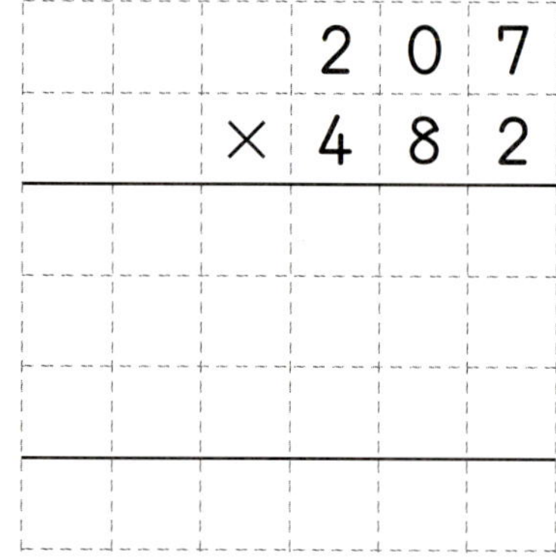

(3)

$$\begin{array}{r} 2\ 0\ 7 \\ \times\ 4\ 8\ 2 \\ \hline \end{array}$$

(4)

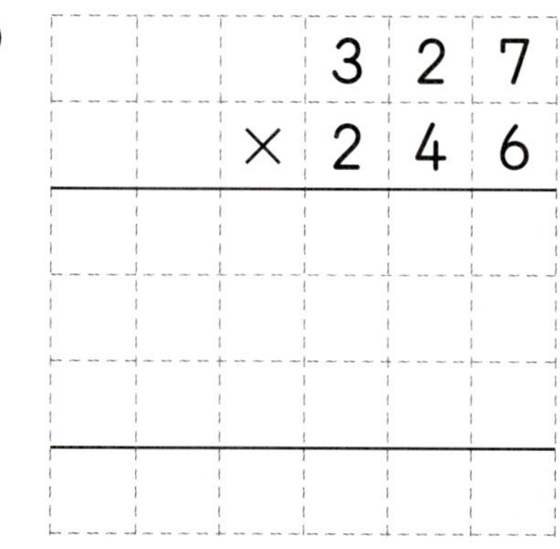

(5)

$$\begin{array}{r} 3\ 2\ 7 \\ \times\ 2\ 4\ 6 \\ \hline \end{array}$$

 곱하는 수를 일의 자리, 십의 자리, 백의 자리로 나누어 각각의 곱을 구하여 자리를 맞추어 쓴 다음 더합니다.

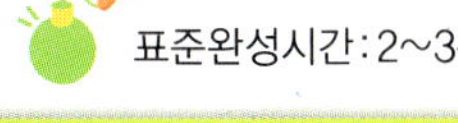

🞧 곱셈을 하시오.

(6)
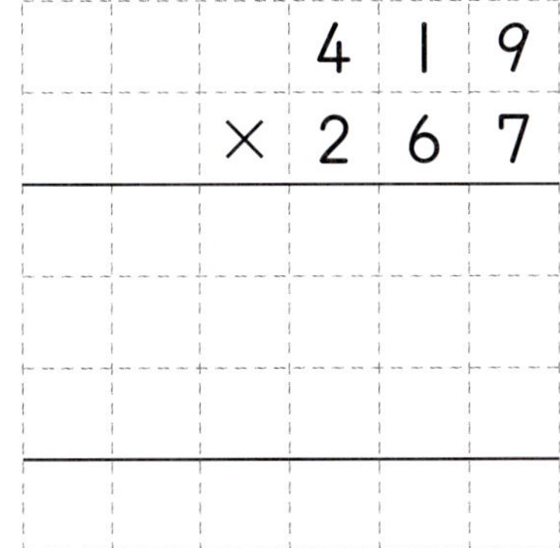

$$\begin{array}{r} 268 \\ \times\ 329 \\ \hline \end{array}$$

(7)
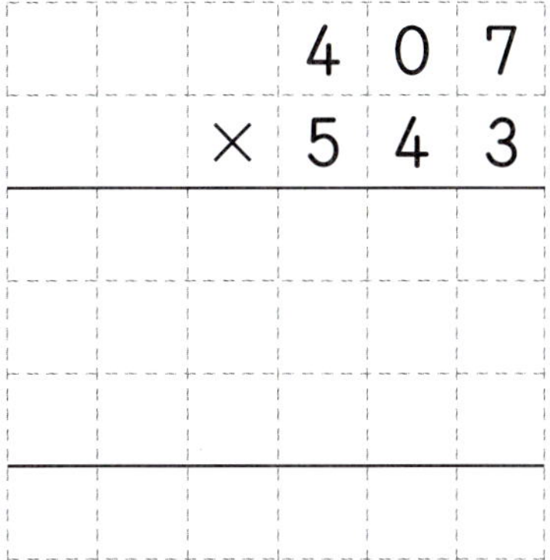

$$\begin{array}{r} 754 \\ \times\ 238 \\ \hline \end{array}$$

(8)

$$\begin{array}{r} 419 \\ \times\ 267 \\ \hline \end{array}$$

(9)

$$\begin{array}{r} 407 \\ \times\ 543 \\ \hline \end{array}$$

(10)
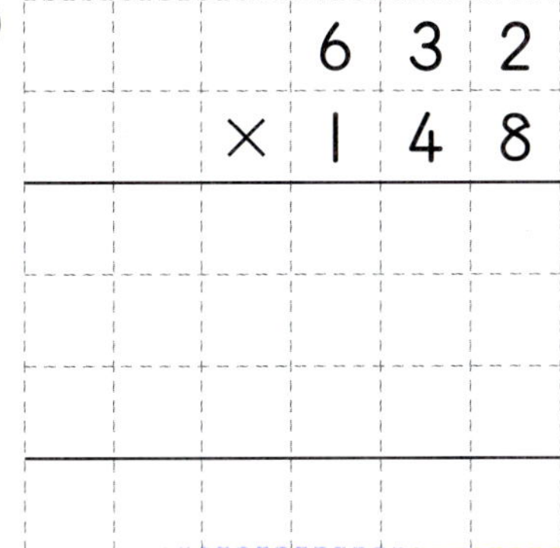

$$\begin{array}{r} 632 \\ \times\ 148 \\ \hline \end{array}$$

(11)
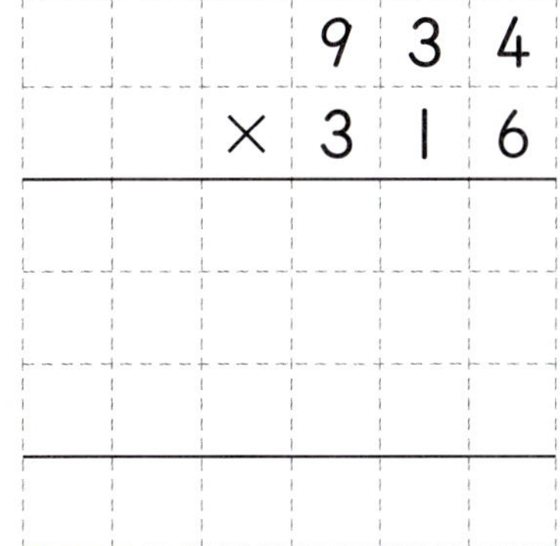

$$\begin{array}{r} 934 \\ \times\ 316 \\ \hline \end{array}$$

4주

38_{차시} (세 자리 수)×(세 자리 수)

 곱셈을 하시오.

(1)
```
    4 7 9
  × 2 1 7
```

(2)
```
    3 3 4
  × 8 2 5
```

(3)
```
    2 6 0
  × 5 4 3
```

(4)
```
    2 8 4
  × 4 8 1
```

(5)
```
    2 0 5
  × 8 2 4
```

(6)
```
    7 1 3
  × 5 7 6
```

 곱하는 수를 일의 자리, 십의 자리, 백의 자리로 나누어 각각의 곱을 구하여 자리를 맞추어 쓴 다음 더합니다.

곱셈을 하시오.

(7)
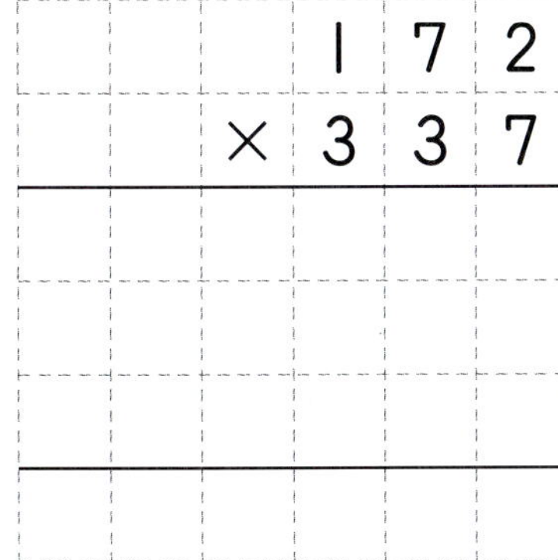

$$\begin{array}{r} 476 \\ \times\ 323 \\ \hline \end{array}$$

(8)
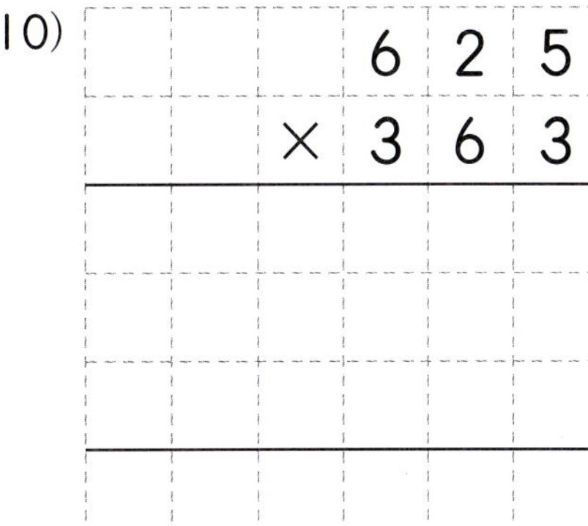

$$\begin{array}{r} 125 \\ \times\ 438 \\ \hline \end{array}$$

(9)

$$\begin{array}{r} 172 \\ \times\ 337 \\ \hline \end{array}$$

(10)
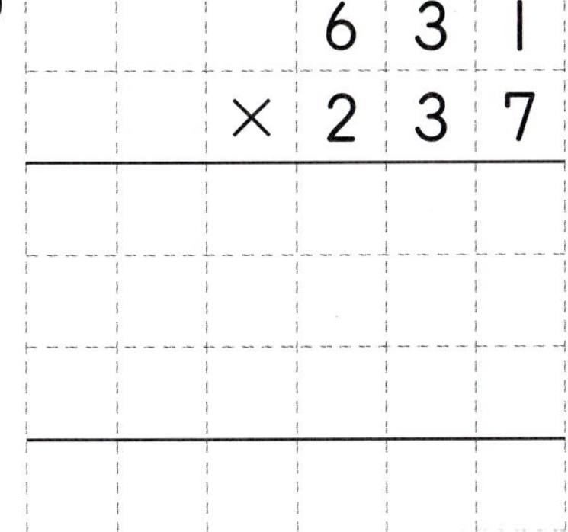

$$\begin{array}{r} 625 \\ \times\ 363 \\ \hline \end{array}$$

(11)

$$\begin{array}{r} 631 \\ \times\ 237 \\ \hline \end{array}$$

(12)
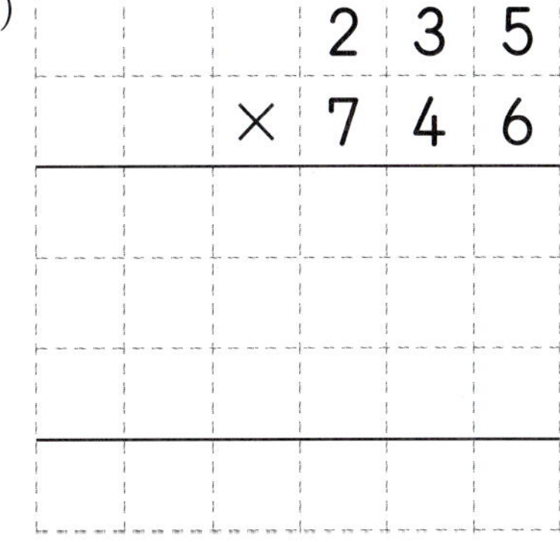

$$\begin{array}{r} 235 \\ \times\ 746 \\ \hline \end{array}$$

 곱셈을 하시오.

(1)
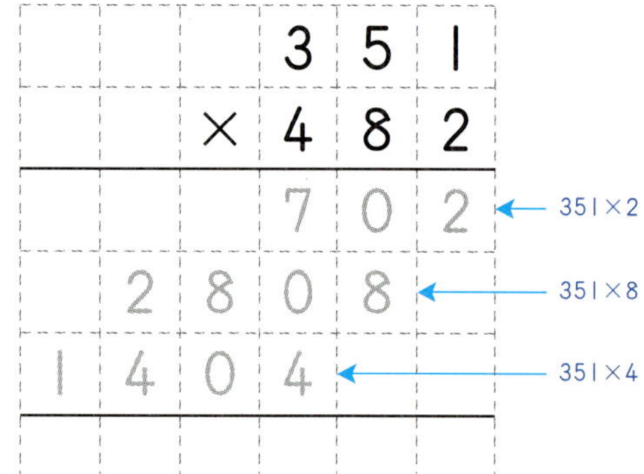

		3	5	1
×		4	8	2
		7	0	2	← 351×2
	2	8	0	8	← 351×8
1	4	0	4		← 351×4

(2)
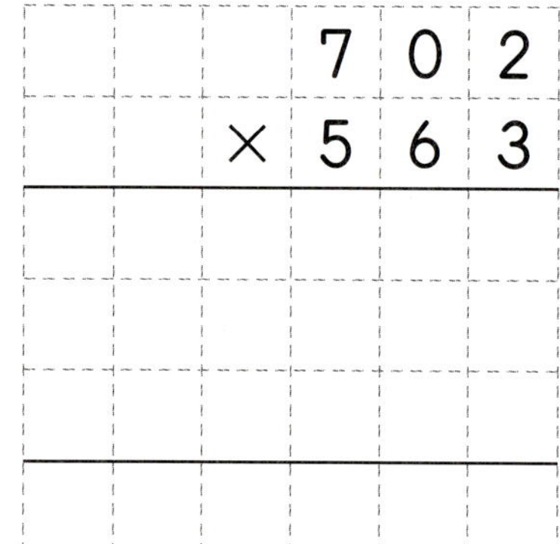

		7	0	2
×		5	6	3

(3)
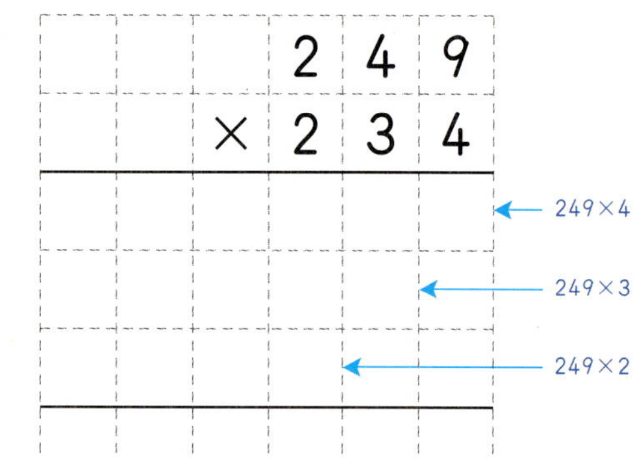

		2	4	9
×		2	3	4
					← 249×4
					← 249×3
					← 249×2

(4)
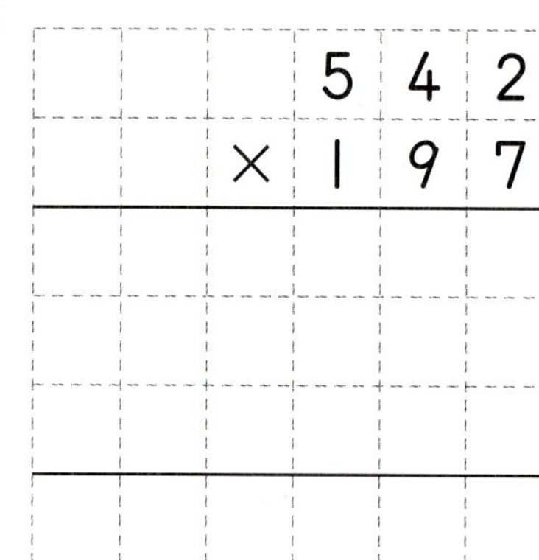

		5	4	2
×		1	9	7

(5)
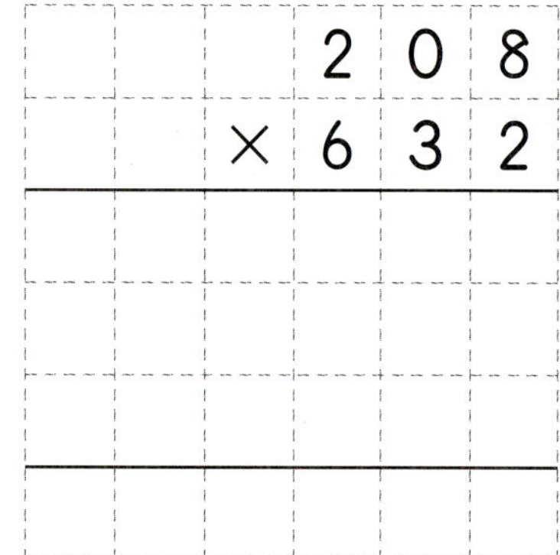

		2	0	8
×		6	3	2

(6)
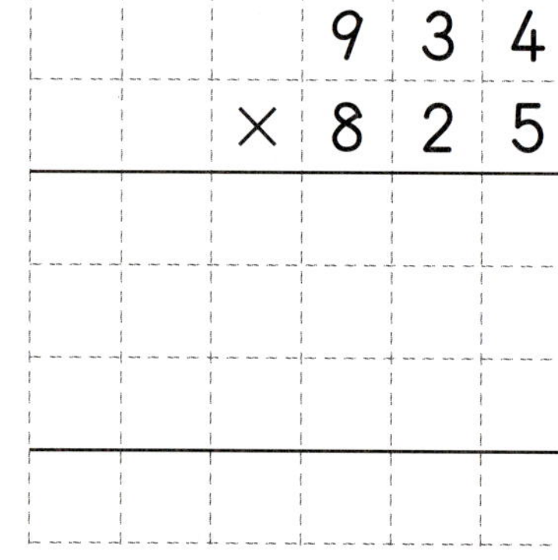

		9	3	4
×		8	2	5

 곱하는 수를 일의 자리, 십의 자리, 백의 자리로 나누어 각각의 곱을 구하여 자리를 맞추어 쓴 다음 더합니다.

곱셈을 하시오.

(7)
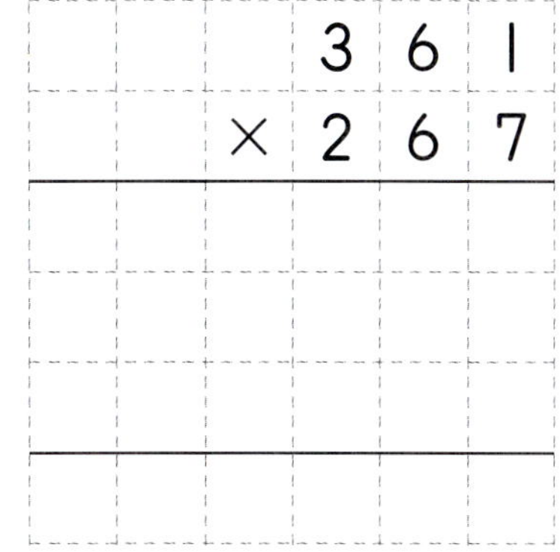

```
      2 3 7
  ×   4 5 6
```

(8)

```
      3 6 1
  ×   2 6 7
```

(9)
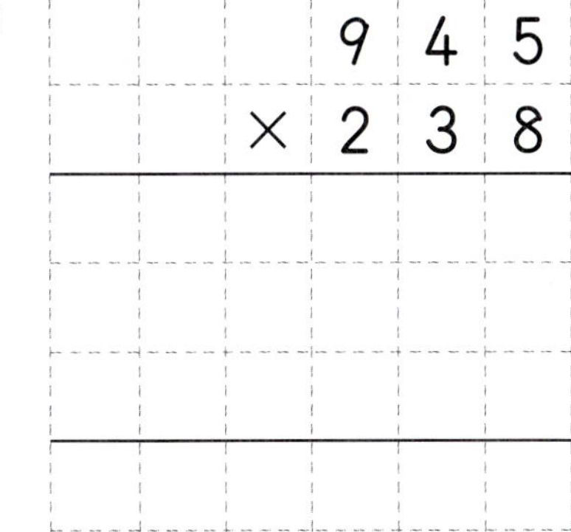

```
      9 4 5
  ×   2 3 8
```

(10)
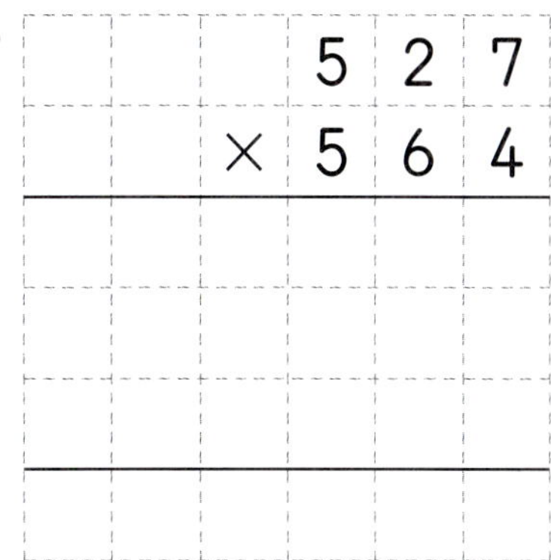

```
      5 2 7
  ×   5 6 4
```

(11)
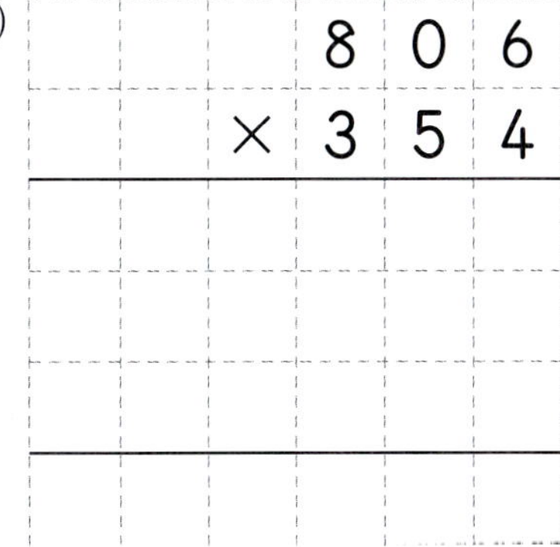

```
      8 0 6
  ×   3 5 4
```

(12)
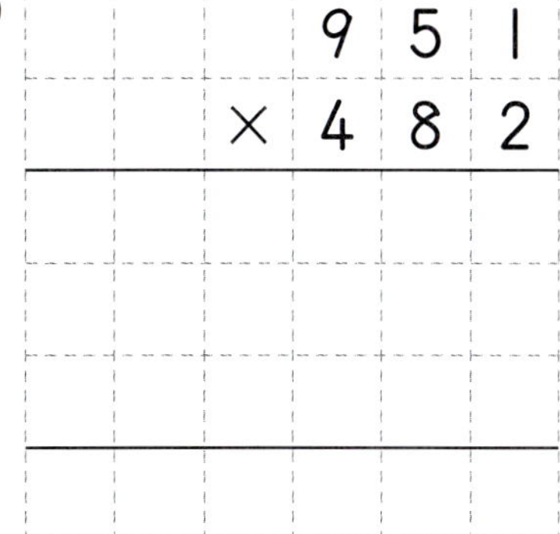

```
      9 5 1
  ×   4 8 2
```

40차시 (세 자리 수)×(세 자리 수)

 곱셈을 하시오.

(1)

```
    3 1 8
  × 4 9 2
```

(2)

```
    1 6 5
  × 5 4 5
```

(3)

```
    2 6 8
  × 1 9 7
```

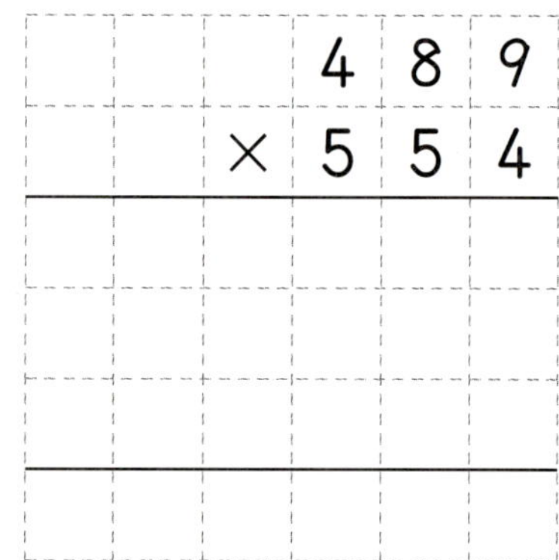

(4)

```
    4 8 9
  × 5 5 4
```

(5)

```
    1 6 3
  × 6 3 7
```

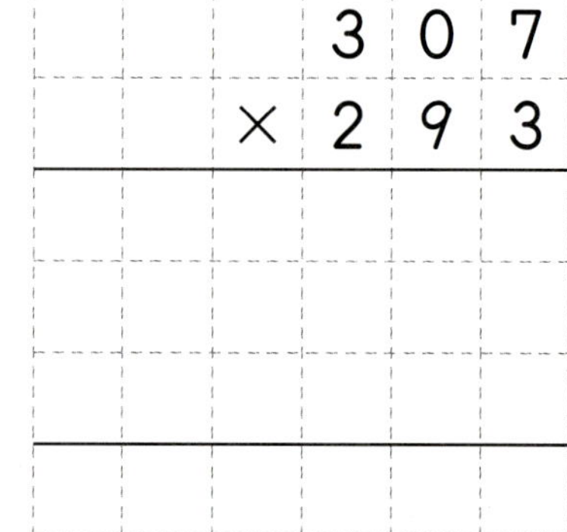

(6)

```
    3 0 7
  × 2 9 3
```

곱셈을 하시오.

(7)
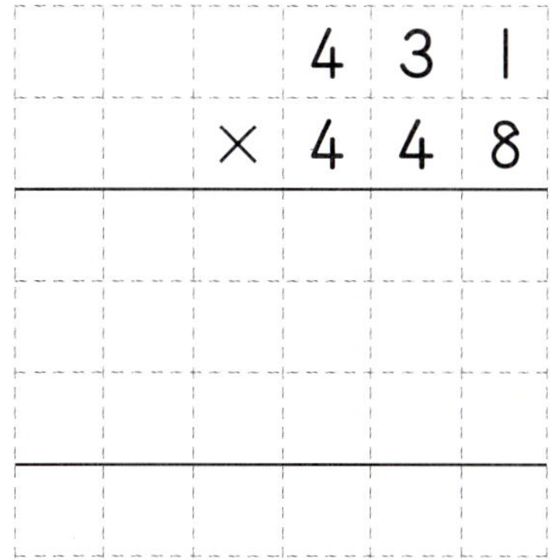

```
    5 1 4
  × 3 8 9
```

(8)

```
    4 3 1
  × 4 4 8
```

(9)
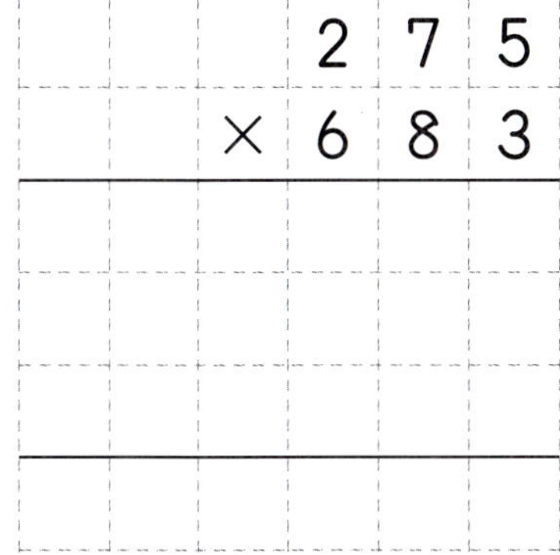

```
    2 7 5
  × 6 8 3
```

(10)
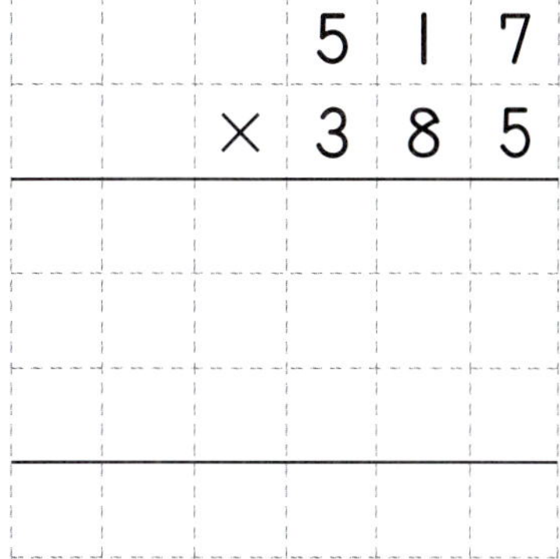

```
    5 1 7
  × 3 8 5
```

(11)
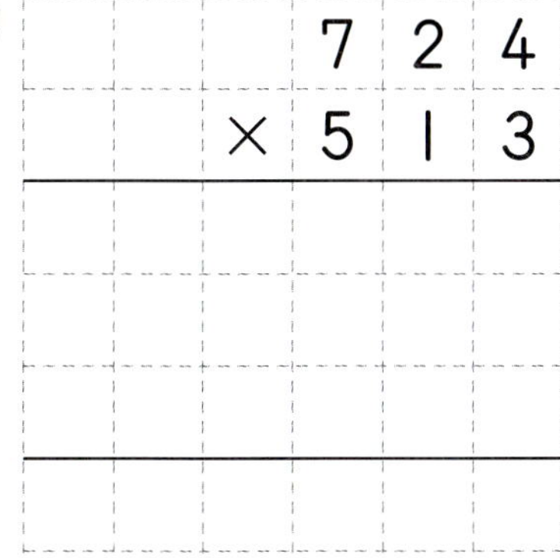

```
    7 2 4
  × 5 1 3
```

(12)
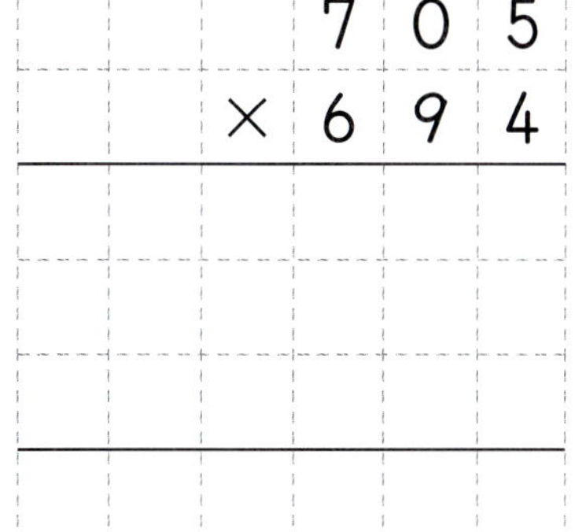

```
    7 0 5
  × 6 9 4
```

41 차시 (세 자리 수)×(세 자리 수)

 곱셈을 하시오.

(1)

```
    8 2 4
×   3 4 6
─────────
  4 9 4 4
3 2 9 6
2 4 7 2
```

① 824×6=4944는 824와 일의 자리 수와의 곱이므로 4944를 일의 자리에 맞추어 씁니다.

② 824×4=3296은 824와 십의 자리 수와의 곱이므로 3296을 십의 자리에 맞추어 씁니다.

③ 824×3=2472는 824와 백의 자리 수와의 곱이므로 2472를 백의 자리에 맞추어 씁니다.

④ 세 곱을 더합니다.

(2)

```
    4 1 5
×   7 2 8
```

(3) 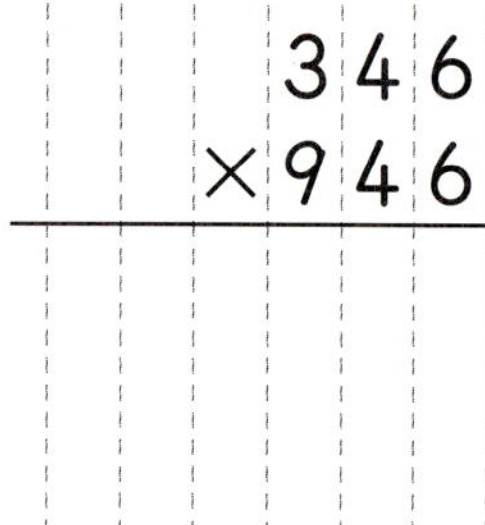

```
    3 4 6
×   9 4 6
```

(4)

```
    6 7 4
×   2 3 4
```

(5) 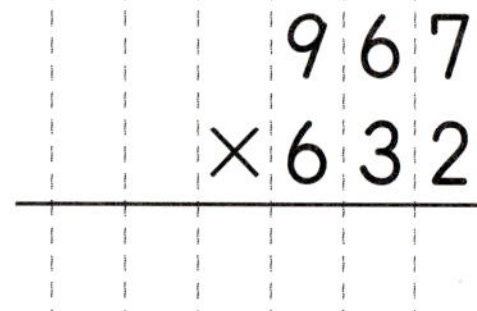

```
    9 6 7
×   6 3 2
```

(6) 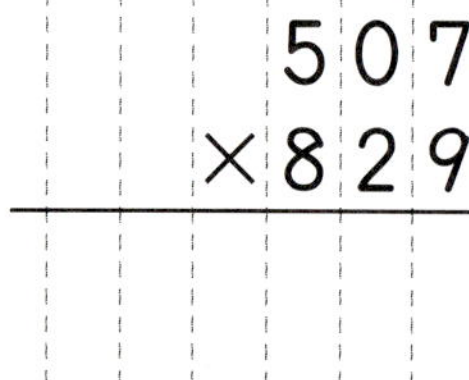

```
    5 0 7
×   8 2 9
```

(7) 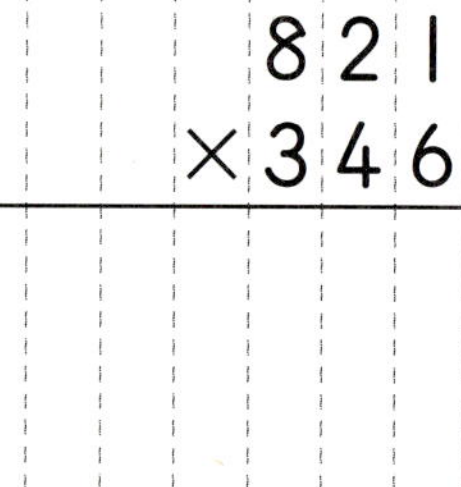

```
    8 2 1
×   3 4 6
```

 곱셈에서 실수가 많은 경우는 올림을 생각하지 못했을 때와 각 부분 곱셈의 결과를 나타낼 때 자리를 잘못 맞추었을 때입니다. 주의하도록 합니다.

곱셈을 하시오.

(8)
```
   6 4 5
 × 3 8 5
```

(9)
```
   5 6 3
 × 3 8 1
```

(10)
```
   2 0 5
 × 9 5 4
```

(11)
```
   4 2 2
 × 7 8 5
```

(12)
```
   6 5 3
 × 3 8 1
```

(13)
```
   2 5 3
 × 3 9 5
```

(14)
```
   8 6 3
 × 8 5 2
```

(15)
```
   3 6 4
 × 4 2 5
```

(16)
```
   7 9 1
 × 6 1 4
```

 곱셈을 하시오.

(1)
$$\begin{array}{r} 783 \\ \times\ 339 \\ \hline \end{array}$$

(2)
$$\begin{array}{r} 763 \\ \times\ 267 \\ \hline \end{array}$$

(3)
$$\begin{array}{r} 389 \\ \times\ 863 \\ \hline \end{array}$$

(4)
$$\begin{array}{r} 544 \\ \times\ 758 \\ \hline \end{array}$$

(5)
$$\begin{array}{r} 301 \\ \times\ 709 \\ \hline \end{array}$$

(6)
$$\begin{array}{r} 680 \\ \times\ 327 \\ \hline \end{array}$$

(7)
$$\begin{array}{r} 426 \\ \times\ 689 \\ \hline \end{array}$$

(8)
$$\begin{array}{r} 754 \\ \times\ 648 \\ \hline \end{array}$$

(9)
$$\begin{array}{r} 547 \\ \times\ 766 \\ \hline \end{array}$$

 곱셈을 하시오.

(10) 808 × 996

(11) 368 × 314

(12) 517 × 129

(13) 678 × 211

(14) 875 × 105

(15) 425 × 569

(16) 265 × 864

(17) 675 × 448

(18) 503 × 799

43차시 (세 자리 수)×(세 자리 수)

○ 가로셈을 세로셈으로 고쳐 계산하시오.

(1) 798×345

		7	9	8
	×	3	4	5

(2) 247×976

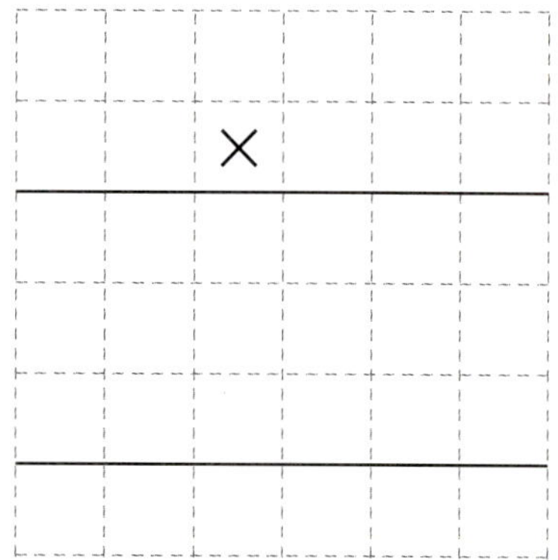

(3) 738×268

(4) 369×472

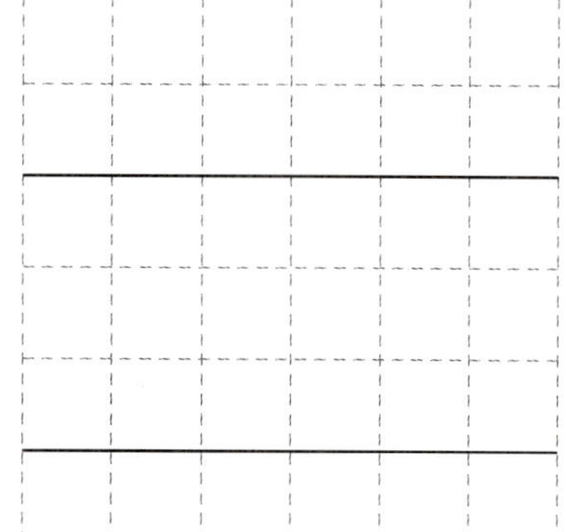

 가로셈을 세로셈으로 고쳐 계산할 때에는 자리를 맞추어 쓰고 일의 자리, 십의 자리, 백의 자리의 순서로 곱하여 더합니다.

가로셈을 세로셈으로 고쳐 계산하시오.

⑸ 978×318

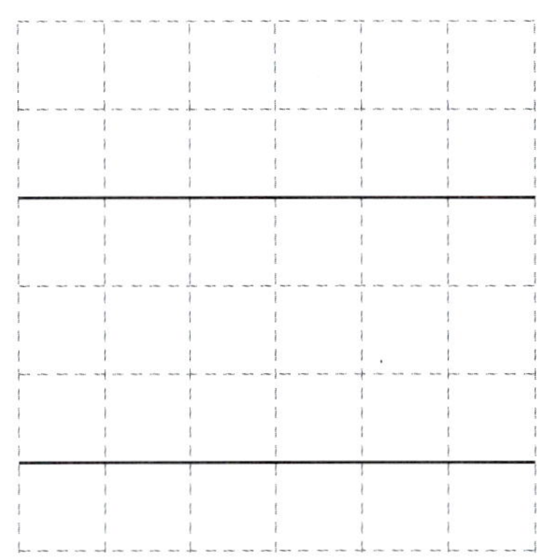

⑹ 276×846

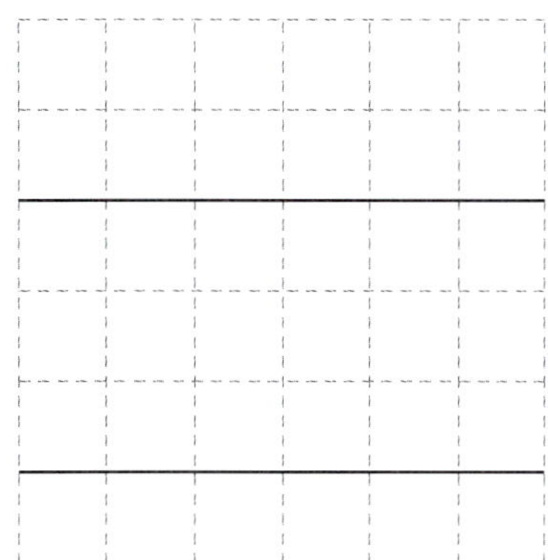

⑺ 389×629

⑻ 496×599

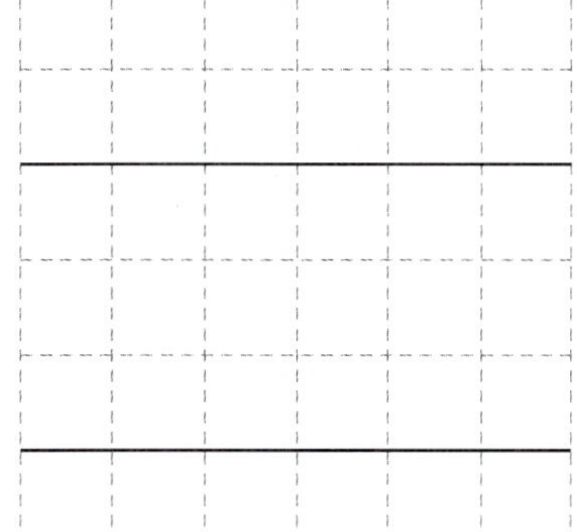

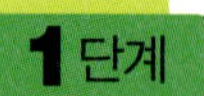

44 차시 (세 자리 수)×(세 자리 수)

 가로셈을 세로셈으로 고쳐 계산하시오.

(1) 351×623

(2) 147×426

(3) 159×346

(4) 604×299

❖ 가로셈을 세로셈으로 고쳐 계산하시오.

(5) 397×812

(6) 596×436

(7) 458×449

(8) 726×178

✿ 빈칸에 알맞은 수를 써넣으시오.

×	235
350	82250
982	
327	
148	
620	
419	

×	480
382	
645	
164	
731	
290	
458	

 가로줄과 세로줄에 있는 두 수의 곱을 구하여 빈칸에 씁니다.
올림이 있는 곱셈은 세로 형식으로 계산하면 편리합니다.

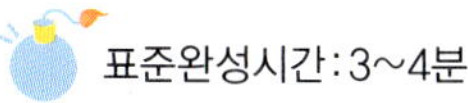

○ 빈칸에 알맞은 수를 써넣으시오.

×	186
538	100068
763	
376	
490	
263	
931	

×	315
858	
687	
370	
209	
463	
284	

46차시 (세 자리 수)×(세 자리 수)

2단계

빈칸에 알맞은 수를 써넣으시오.

×	978	638	786
596	582888		
607			

×	234	945	186
469			
671			

● 빈칸에 알맞은 수를 써넣으시오.

×	508	297	890
736			
674			

×	263	731	509
402			
168			

(세 자리 수)×(세 자리 수)

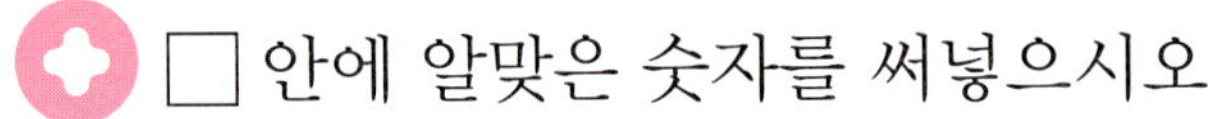

□ 안에 알맞은 숫자를 써넣으시오.

(1)

```
          4 ② 6
      ×  5 2 ①3
      1 2 4 8
      8 3 2
    2 0 8 0
    2 1 7 5 6 8
```

① 6×□=○8 → □ 안의 수는 3 또는 8
② □×2+1=○3 → □ 안의 수는 1 또는 6

(2)

```
          1 9 ①
      ×  5 ② 7
      1 3 5 8
    1 1 6 4
    9 7 0
  1 0 9 9 9 8
```

① □×7=○8 → □ 안의 수는 4
② 4×□=○4 → □ 안의 수는 1 또는 6

(3)

```
        □ 6 3
      ×  8 □ 7
      5 3 4 1
    3 0 5 2
  6 1 0 4
  6 4 6 2 6 1
```

(4)

```
        2 □ 3
      ×  □ 5 9
      2 1 8 7
    1 2 1 5
    9 7 2
  1 1 1 5 3 7
```

 일의 자리 또는 구하기 쉬운 □ 안에 알맞은 숫자부터 구해 봅니다. □ 안에 알맞은 숫자가 여러 개인 경우도 있는데, 이때는 각 경우에 대해 모두 생각해 봅니다.

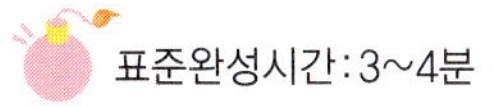

✿ □ 안에 알맞은 숫자를 써넣으시오.

(5)

			5	0	□
	×	2	5	□	
		1	5	2	4
	2	5	4	0	
1	0	1	6		
1	2	8	5	2	4

(6)

			8	□	5
	×	5	□	3	
		2	6	8	5
	1	7	9	0	
4	4	7	5		
4	6	8	0	8	5

(7)

		□	4	9	
	×	□	6	2	
		8	9	8	
	2	6	9	4	
3	1	4	3		
3	4	2	1	3	8

(8)

		□	9	7	
	×	4	6	□	
		1	1	9	1
	2	3	8	2	
1	5	8	8		
1	8	3	8	1	1

(9)

			9	9	□
	×	□	2	3	
		2	9	8	2
	1	9	8	8	
5	9	6	4		
6	1	9	2	6	2

(10)

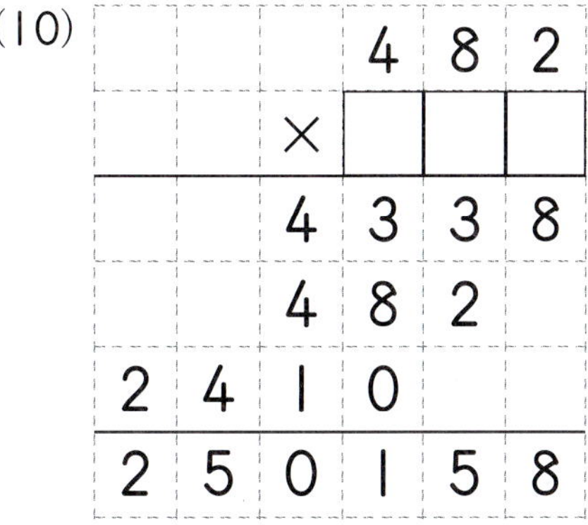

			4	8	2
	×	□	□	□	
		4	3	3	8
		4	8	2	
2	4	1	0		
2	5	0	1	5	8

48 차시 (세 자리 수)×(세 자리 수)

✚ 빈칸에 알맞은 숫자를 써넣고, 곱을 구하시오.

674×532의 계산

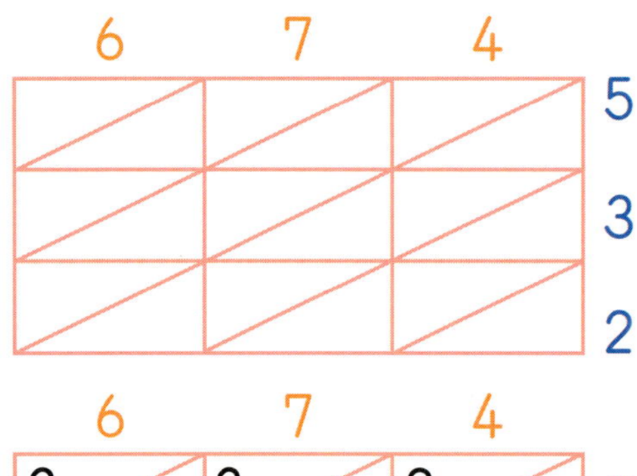

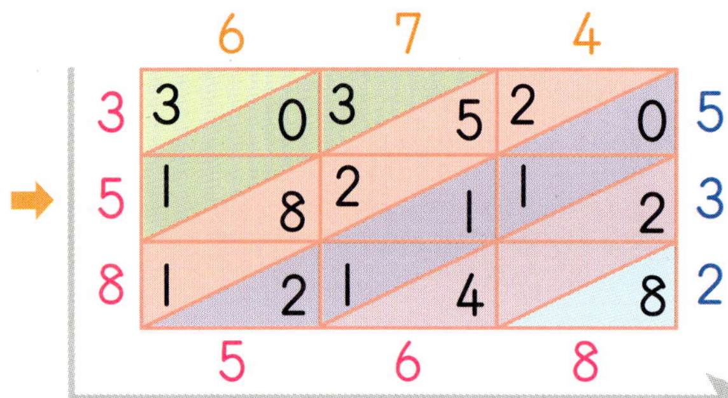

674×532=358568

(1) 635×295=

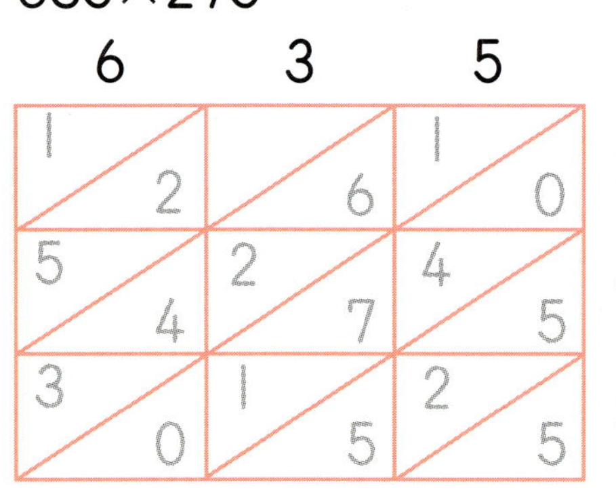

(2) 545×125=

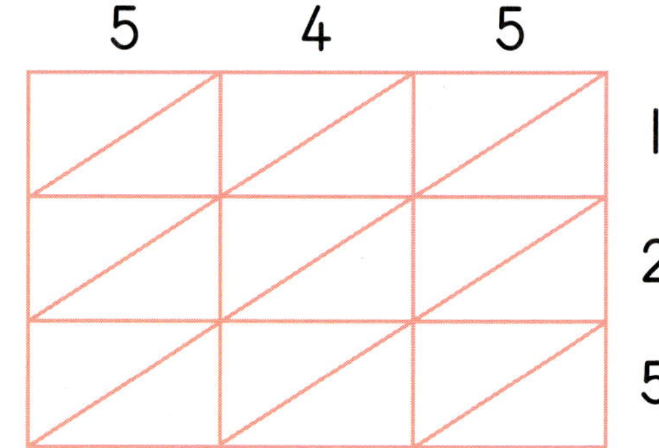

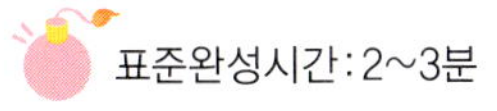

○ 빈칸에 알맞은 숫자를 써넣고, 곱을 구하시오.

(3) 438×343=

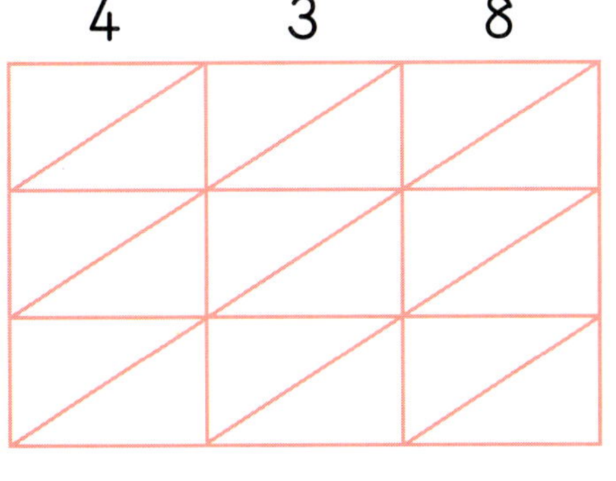

(4) 346×724=

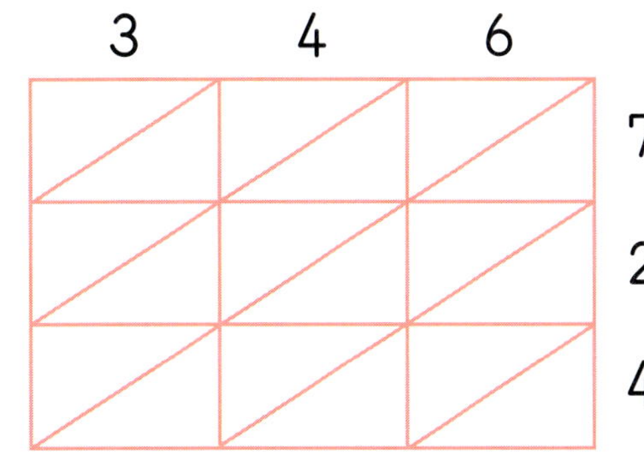

(5) 142×282=

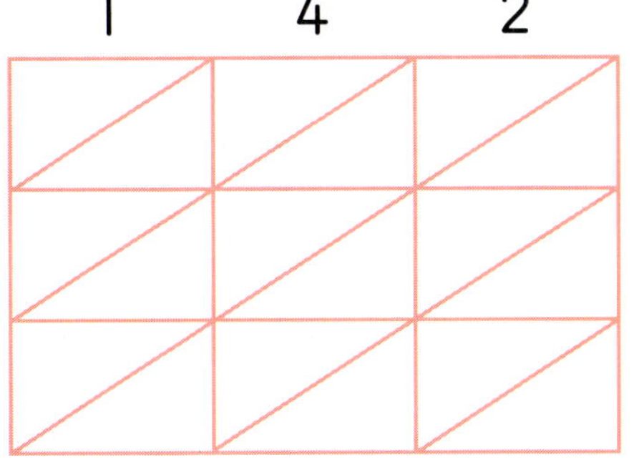

(6) 321×314=

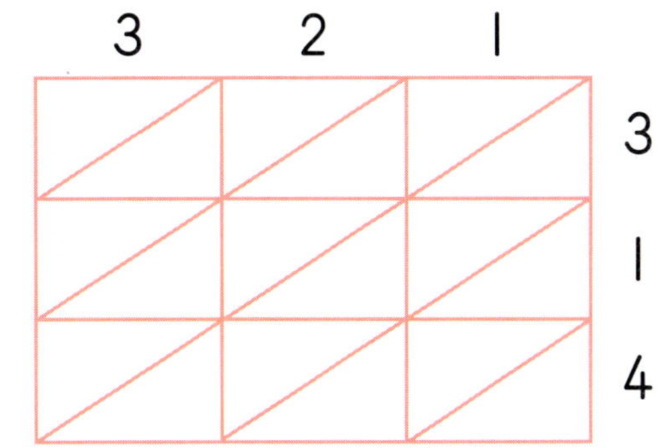

격자 곱셈표를 이용한 곱셈은 곱셈구구와 받아올림이 있는 덧셈만 알아도 계산할 수 있는 장점이 있지만 두 수의 곱을 여러 곳에 쓰므로 혼란스러운 점이 있다는 것은 다소 불편한 점입니다.

 곱셈을 하시오.

(1)　$30 \times 500 =$

(2)　$70 \times 800 =$

(3)　$20 \times 900 =$

(4)　$500 \times 40 =$

(5)　$800 \times 70 =$

(6)　$600 \times 30 =$

(7)　$400 \times 100 =$

(8)　$700 \times 400 =$

(9)　$900 \times 200 =$

(10)　$60 \times 7000 =$

(11)　$20 \times 8000 =$

(12)　$30 \times 2000 =$

(13)　$700 \times 5000 =$

(14)　$800 \times 4000 =$

(15)　$6000 \times 500 =$

(16)　$4000 \times 300 =$

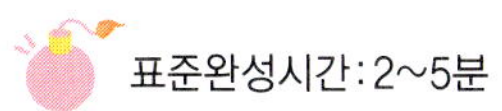

표준완성시간 : 2~5분

채점을 하고, 틀린 개수에 맞게 ○하세요

 곱셈을 하시오.

(17)
$$584 \times 26$$

(18)
$$663 \times 73$$

(19)
$$943 \times 52$$

(20)
$$242 \times 67$$

(21)
$$852 \times 39$$

(22)
$$361 \times 85$$

(23)
$$334 \times 66$$

(24)
$$892 \times 29$$

(25)
$$687 \times 97$$

(26)
$$4834 \times 93$$

(27)
$$5263 \times 86$$

(28)
$$1731 \times 25$$

곱셈을 하시오.

(29)
```
  4082
×   92
```

(30)
```
  4768
×   98
```

(31)
```
  1885
×   75
```

(32)
```
  9228
×   46
```

(33)
```
  4761
×   69
```

(34)
```
  6837
×   95
```

(35)
```
  567
× 233
```

(36)
```
  789
× 334
```

(37)
```
  780
× 125
```

(38)
```
  234
× 635
```

(39)
```
  456
× 647
```

(40)
```
  632
× 845
```

정답 및 지도서

자르는 선을 따라 잘라 보관하여, 채점할 때 사용하세요.

정답 및 지도서 G1

지도 방법

1. 본 단계에 들어 가기 전에 앞 단계의 내용에 대한 학습이 충분히 이루어져 있는지 간단한 테스트를 통하여 학습합니다.
2. 곱셈의 원리를 다시 한번 상기할 수 있도록 학습 도중에 구두 질문 또는 계산 원리를 설명하게 하여 확인합니다.
3. 비교적 간단하고, 기본적인 계산이므로 바로 계산 결과가 나올 수 있도록 지도합니다.

1 차시

12~13쪽

어떤 수에 100, 1000을 곱한 값은 어떤 수에 곱하는 수의 0의 개수만큼 0을 붙인 것과 같습니다.

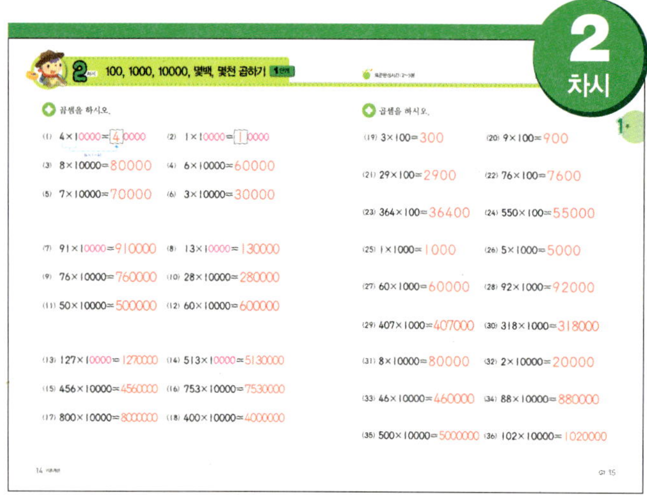

2 차시

14~15쪽

어떤 수에 100, 1000, 10000을 곱하는 계산 원리를 충분히 이해하여 주저하지 않고 답을 쓸 수 있는지 확인합니다.

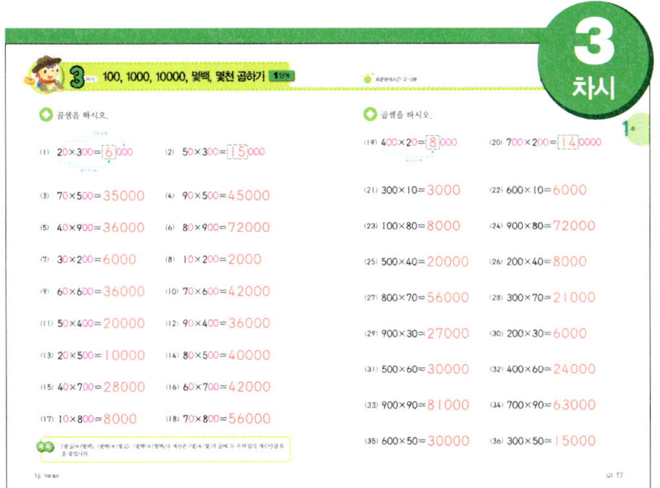

(몇십)×(몇백), (몇백)×(몇십)의 계산은 (몇)×(몇)의 곱에 두 수의 0의 개수만큼 0을 붙입니다.

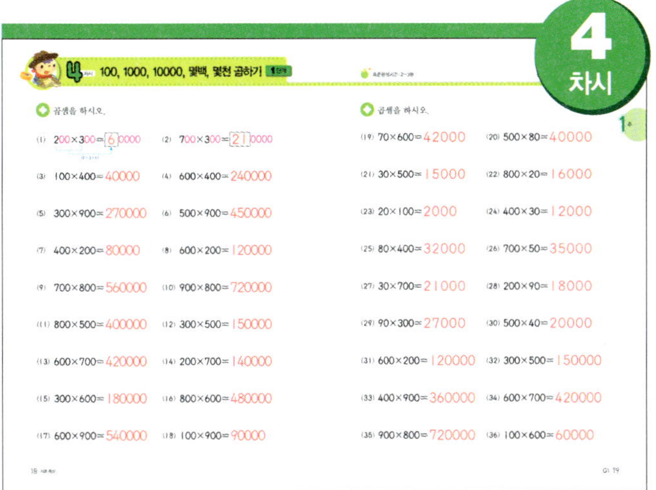

곱셈의 계산 원리를 이해하여 따로 식을 옮겨 쓰지 않고 바로 답을 쓸 수 있도록 지도합니다.

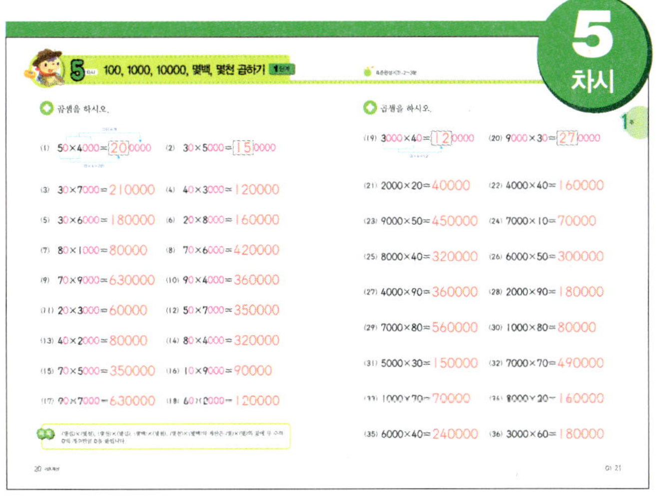

(몇십)×(몇천), (몇천)×(몇십)의 계산은 (몇)×(몇)의 곱에 두 수의 0의 개수만큼 0을 붙입니다.

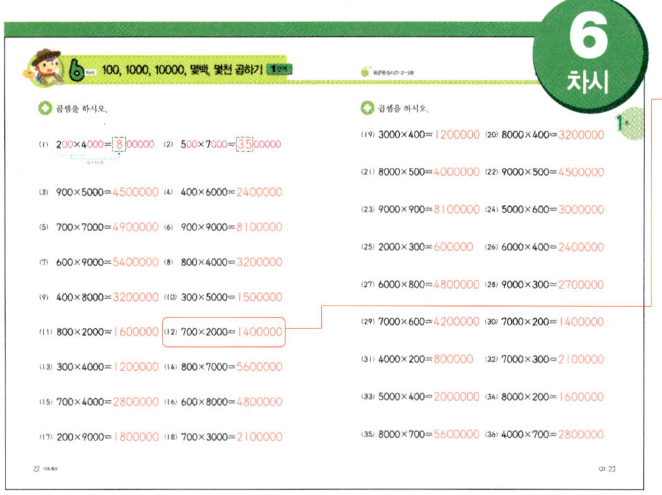

6 차시

22~23쪽

700×2000은 7×2=14에 0을
5개 붙인 것과 같습니다.
700×2000=1400000

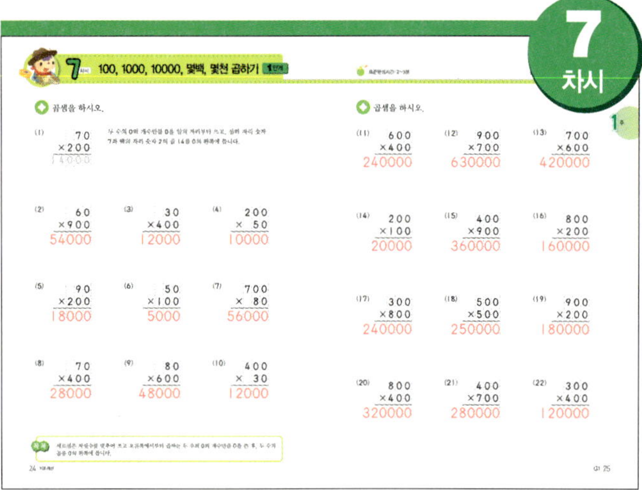

7 차시

24~25쪽

세로셈은 자리를 맞추어 쓰고, 오
른쪽에서부터 곱하는 두 수의 0의
개수만큼 0을 쓴 후, 두 수의 곱을
이어서 씁니다.

8 차시

26~27쪽

세로셈의 계산은 자리를 맞추어 쓰
면서 0의 개수를 정확히 세어 실수
하지 않도록 합니다.

가로줄과 세로줄에 있는 두 수의 곱을 계산하여 빈칸에 씁니다.

앞에서 충분한 연습을 했으므로 표준완성시간 안에 계산할 수 있도록 합니다. 계산이 더디거나 실수가 많은 경우에는 앞 단계를 다시 충분히 연습하도록 지도합니다.

정답 및 지도서 G1

0이 아닌 숫자와 어떤 수의 곱이 곱의 0이 아닌 숫자와 같으므로 곱셈구구를 이용하여 ☐ 안에 알맞은 숫자를 구합니다.

곱하는 수 또는 곱해지는 수의 0의 개수를 먼저 살펴봅니다.

$$9000 \times \boxed{} = 1800000$$

$9 \times \boxed{} = 1800$이 되므로 $\boxed{} = 200$입니다.

정답 및 지도서 G1

2주 (세 자리 수)×(두 자리 수)

지도 방법

1. 곱셈의 계산 원리는 기본적으로 동일하므로 전 단계의 내용을 도입하여 발전시키도록 합니다.
2. 계산 원리 이해의 학습에서 숙달되면 계산 시간에 중점을 두어 학습을 반복하도록 합니다.
3. 반드시 학습이 충분히 이루어진 후에 다음 단계로 이동하도록 합니다.

13차시

40~41쪽

곱해지는 수에 곱하는 수의 일의 자리 숫자, 십의 자리 숫자를 차례로 곱하여 자리에 맞추어 쓴 후, 더합니다.

14차시

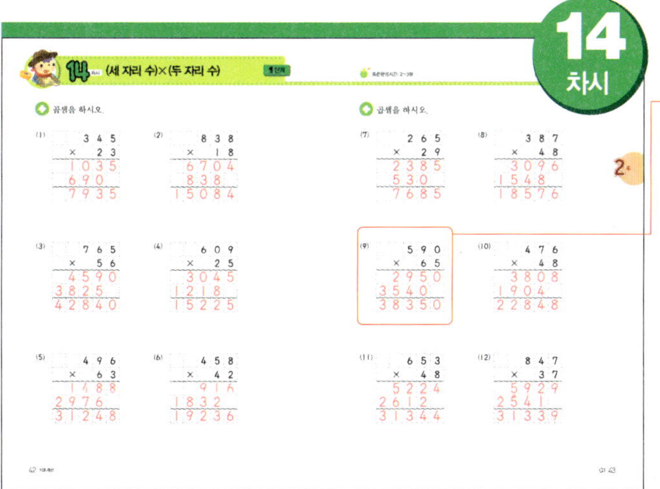

42~43쪽

590에 6을 곱하는 것은 실제로 590×60을 뜻하는 것임을 이해시킵니다.

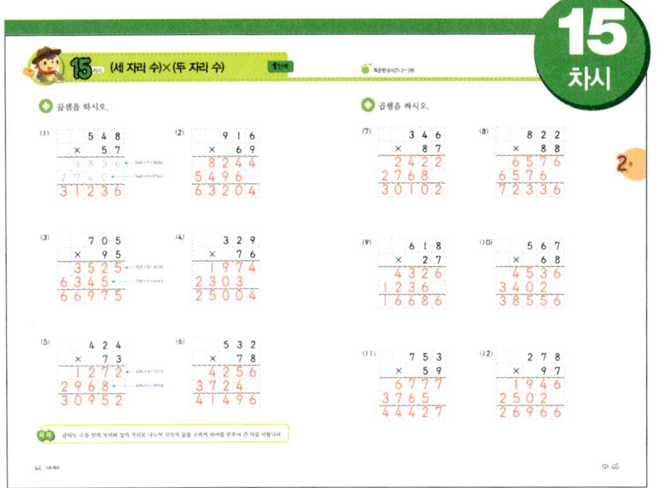

44~45쪽

곱해지는 수에 곱하는 수의 일의 자리와 십의 자리 숫자를 차례로 곱하여 더합니다.

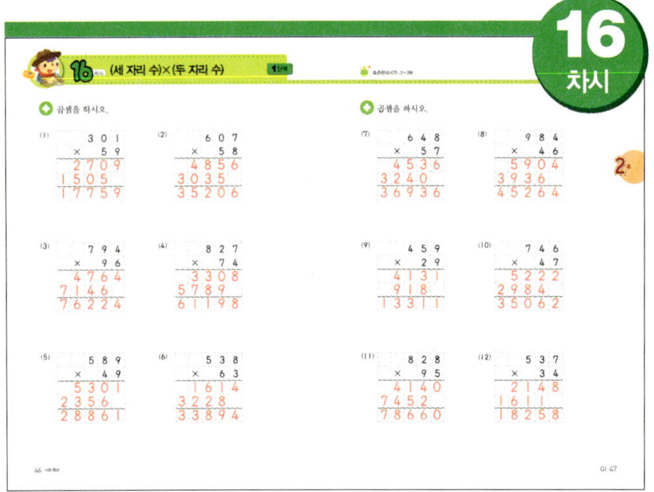

46~47쪽

충분한 연습이 이루어져 계산 시간을 단축할 수 있도록 반복 지도합니다.

48~49쪽

자리를 잘못 맞추어 쓰거나 올림한 수를 빠뜨리는 등의 실수를 하지 않도록 합니다.

$$\begin{array}{r} 584 \\ \times\ \ \ 26 \\ \hline 3504 \\ 1168\ \ \\ \hline 15184 \end{array}$$

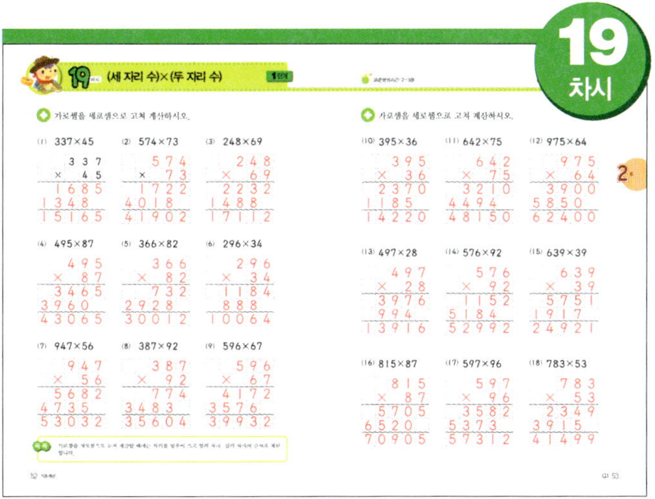

가로셈을 세로셈으로 고쳐서 쓸 때에는 자리를 잘 맞추어 쓰도록 지도합니다.

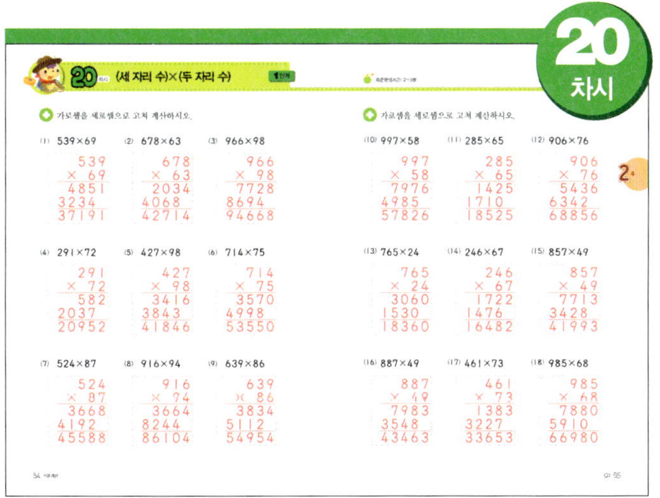

보조선이 없는 경우에도 자리를 잘 맞추어 써서 계산에 실수가 없도록 합니다.

21 차시

21 (세 자리 수)×(두 자리 수)

빈칸에 알맞은 수를 써넣으시오.

×	780
50	39000
65	50700
72	56160
68	53040
90	70200
37	28860

×	387
30	11610
42	16254
28	10836
65	25155
74	28638
36	13932

빈칸에 알맞은 수를 써넣으시오.

×	849
40	33960
76	64524
94	79806
66	56034
57	48393
28	23772

×	609
71	43239
53	32277
18	10962
64	38976
29	17661
35	21315

56~57쪽

가로줄과 세로줄에 있는 두 수의 곱을 구하여 빈칸에 씁니다.

22 차시

22 (세 자리 수)×(두 자리 수)

빈칸에 알맞은 수를 써넣으시오.

×	993	378	804
76	75468	28728	61104
82	81426	30996	65928

×	386	294	736
58	22388	17052	42688
47	18142	13818	34592

빈칸에 알맞은 수를 써넣으시오.

×	728	456	364
43	31304	19608	15652
89	64792	40584	32396

×	337	197	256
96	32352	18912	24576
23	7751	4531	5888

58~59쪽

세로로 자리를 맞추어 쓰면서 계산할 수 있도록 합니다.

□ 안에 알맞은 숫자를 구하기 쉬운 것부터 구합니다. □ 안에 알맞은 숫자가 여러 개인 경우 각 경우에 대해 계산하여 알맞은 답을 찾습니다.

곱셈의 새로운 방법입니다. 곱셈구구만으로 복잡한 계산을 쉽게 계산할 수 있으므로 익혀두면 도움이 됩니다.

체크 포인트

1. 계산이 더디거나 자신없어 하는 경우 앞의 내용을 충분히 이해하여 해결할 수 있는지 확인해 봅니다.

2. 세로셈에 익숙해질 수 있도록 충분히 연습하고, 능숙하게 계산할 수 있다면 가로셈을 암산으로 계산할 수 있도록 노력해 봅니다.

3. □가 있는 문제는 특히 두려워하는 학생들이 많으므로 함께 풀이하면서 자신감을 심어 줍니다.

3주 (네 자리 수)×(두 자리 수)

지도 방법

① (세 자리 수)×(두 자리 수)의 계산을 능숙하게 할 수 있는지 확인한 후, 본 학습에 들어갑니다.

② 숫자가 복잡해졌으나 계산 원리는 같으므로 두려움 없이 자신감을 가지고 학습할 수 있도록 합니다.

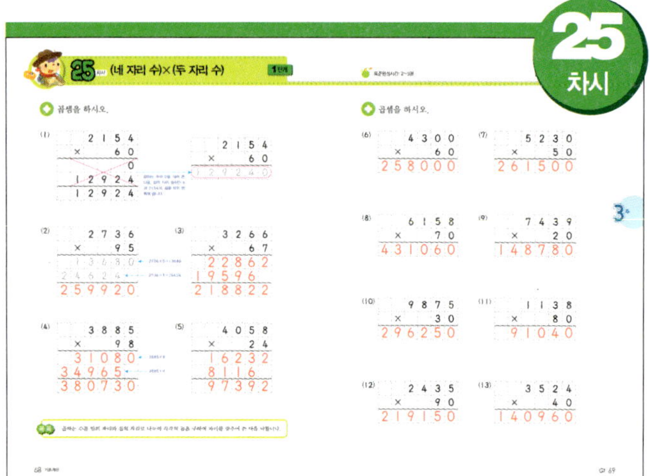

68~69쪽

(네 자리 수)×두 자리 수)의 곱셈 원리는 (세 자리 수)×(두 자리 수)와 같습니다.

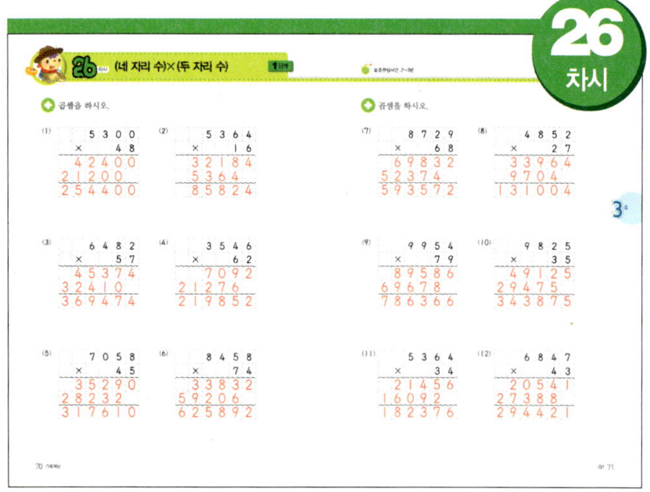

70~71쪽

곱해지는 수에 곱하는 수의 일의 자리 숫자, 십의 자리 숫자를 차례로 곱하여 자리를 맞추어 쓴 다음 더합니다.

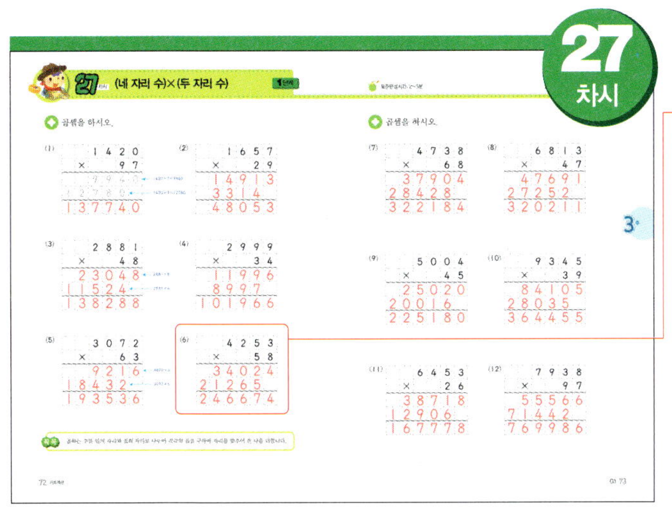

4253에 5를 곱하는 것은
4253×50과 같습니다.

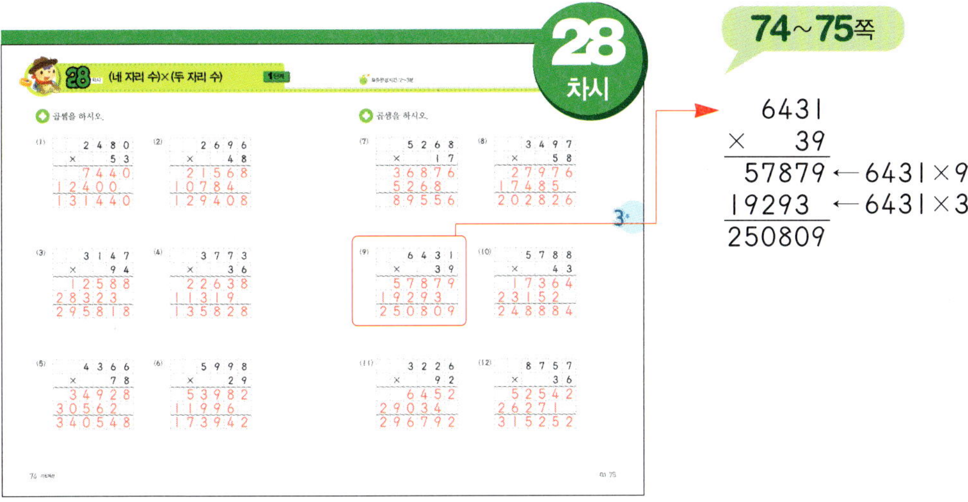

$$6431 \times 39$$

$57879 \leftarrow 6431 \times 9$
$19293 \leftarrow 6431 \times 30$
250809

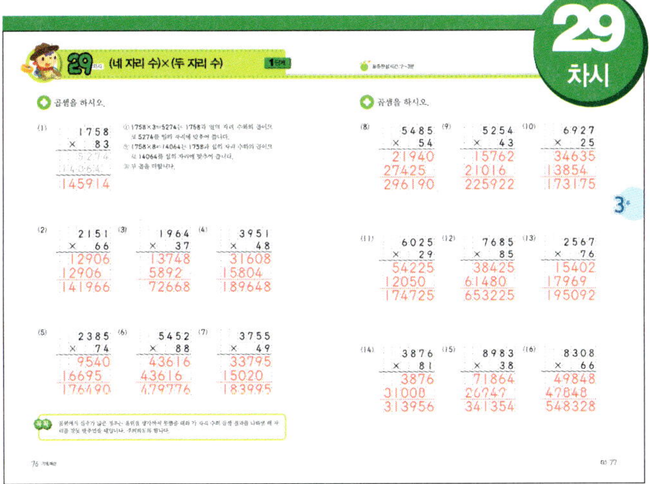

보조선에 맞추어 자리를 맞추어 씁니다. 계산에 실수한 경우, 원인을 스스로 찾게 하여 똑같은 실수를 반복하지 않도록 지도합니다.

78~79쪽

곱해지는 수에 곱하는 수의 일의 자리, 십의 자리 숫자를 곱한 수를 차례로 자리를 맞추어 쓴 후 더합니다.

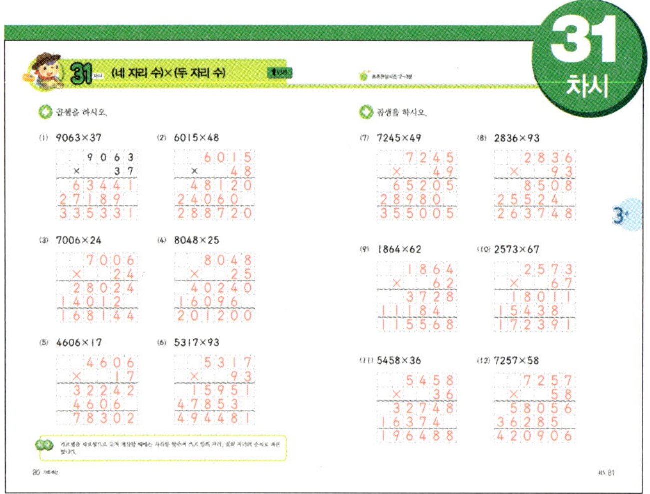

80~81쪽

가로셈을 세로셈으로 고쳐서 계산할 때에는 자리를 맞추어 쓰고, 일의 자리, 십의 자리의 순서로 계산합니다.

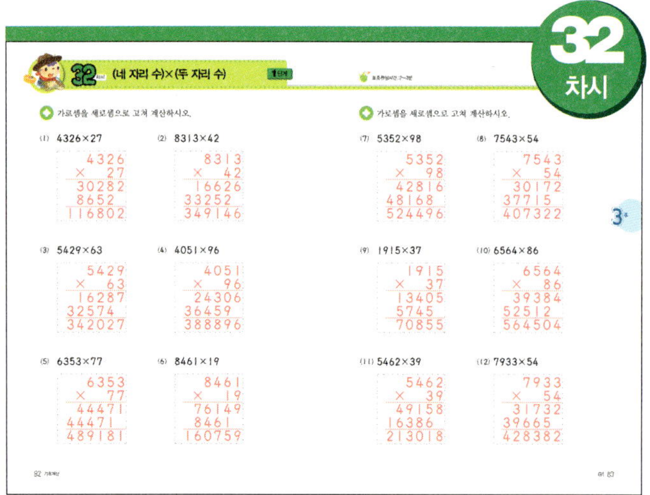

82~83쪽

보조선이 없어도 자리를 맞추어 써서 계산할 수 있도록 충분히 연습합니다.

84~85쪽

올림이 있는 계산은 세로셈으로 고쳐서 계산하면 편리합니다.

86~87쪽

시간이 많이 걸리거나 실수가 많은 경우에는 앞 단계로 돌아가 다시 한 번 반복하여 연습하도록 합니다.

낮은 자리에 있는 □부터 차례로 구해 봅니다. 이와 같은 문제를 풀면서 곱셈의 계산 원리를 다시 한 번 익힐 수 있도록 합니다.

주어진 식을 앞에서 배운 내용에 맞게 계산하여 곱을 구해 봅니다.

4주 (세 자리 수)×(세 자리 수)

지도 방법

1. 앞 단계 학습 내용이 충분한지 테스트하여 본 단계로 진입할지의 여부를 확인합니다.
2. 계산 원리는 같으나 복잡한 계산이므로 원리에 충실히 차근차근 익힐 수 있도록 지도합니다.

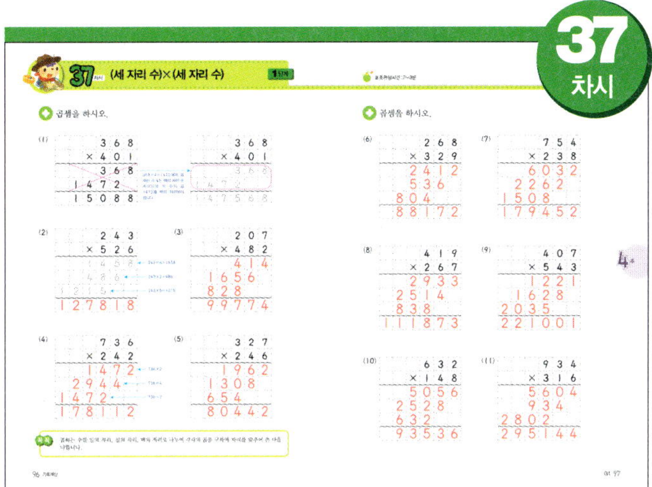

37차시

96~97쪽

(세 자리 수)×(세 자리 수)의 계산 원리도 앞에서 배운 내용과 같습니다. 이 점을 충분히 이해시켜 복잡한 계산에 대한 두려움을 해결합니다.

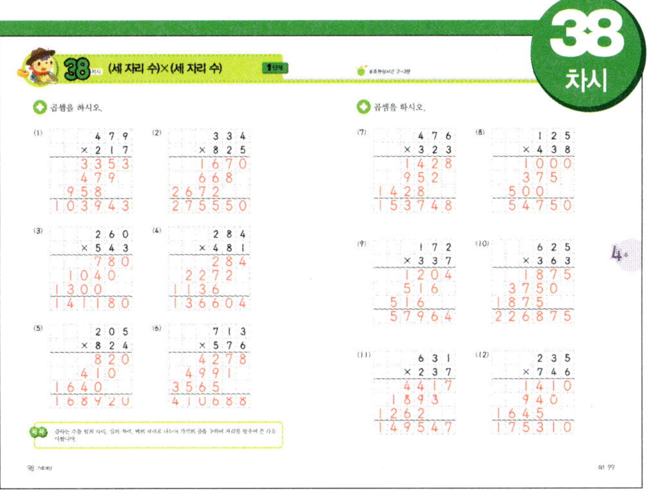

38차시

98~99쪽

곱하는 수를 일의 자리, 십의 자리, 백의 자리로 나누어 각각의 곱을 구하여 자리를 맞추어 쓴 다음 더합니다.

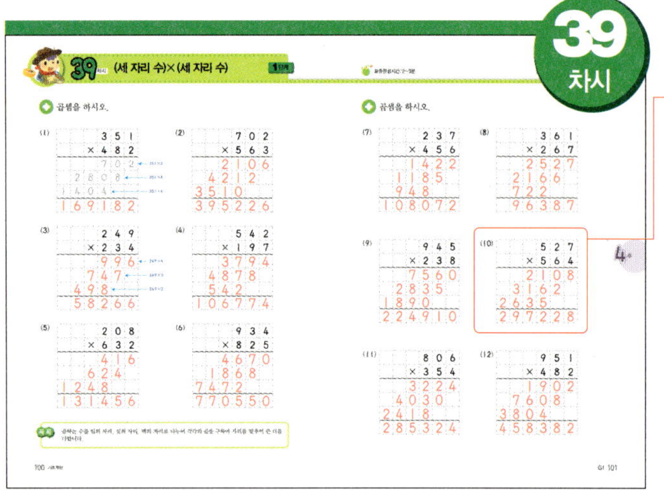

100~101쪽

527에 5를 곱하는 것은 527×500과 같음을 충분히 이해시킵니다.

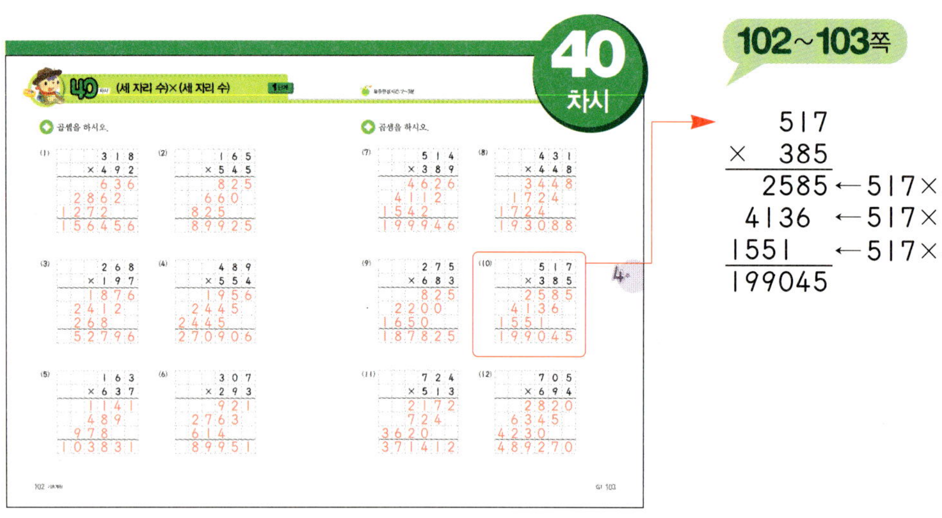

102~103쪽

$$
\begin{array}{r}
517 \\
\times\ 385 \\
\hline
2585 \leftarrow 517\times5 \\
4136\ \leftarrow 517\times80 \\
1551\ \ \leftarrow 517\times300 \\
\hline
199045
\end{array}
$$

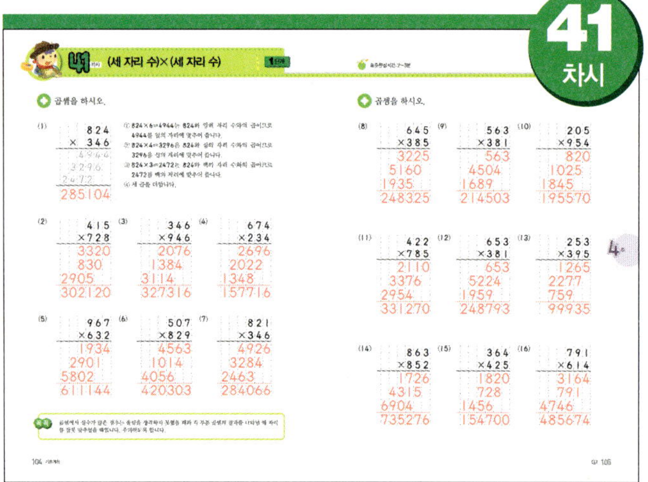

104~105쪽

계산 단계를 충분히 익히도록 하여 그대로 계산합니다.

보조선이 없어도 자리를 잘 맞추어
쓰도록 지도합니다.

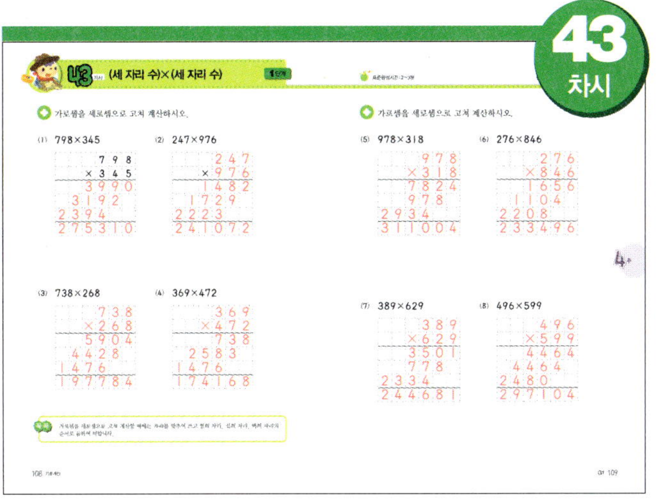

가로셈을 세로셈으로 고쳐서 계산
할 때에는 자리를 맞추어 쓰고 일
의 자리, 십의 자리, 백의 자리의
순서로 곱하여 더합니다.

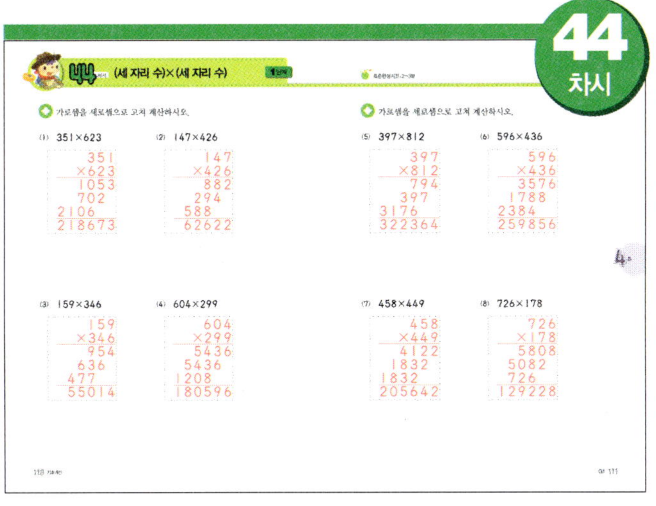

자리를 잘 맞추어 써서 계산에 실
수가 없도록 주의합니다.

112~113쪽

가로줄과 세로줄에 있는 두 수의 곱을 구하여 빈칸에 씁니다.

빈칸에 알맞은 수를 써넣으시오.

×	235
350	82250
982	230770
327	76845
148	34780
620	145700
419	98465

×	480
382	183360
645	309600
164	78720
731	350880
290	139200
458	219840

빈칸에 알맞은 수를 써넣으시오.

×	186
538	100068
763	141918
376	69936
490	91140
263	48918
931	173166

×	315
858	270270
687	216405
370	116550
209	65835
463	145845
284	89460

114~115쪽

올림이 있는 계산인 경우 세로셈으로 고쳐서 계산하면 편리합니다.

빈칸에 알맞은 수를 써넣으시오.

×	978	638	786
596	582888	380248	468456
607	593646	387266	477102

×	234	945	186
469	109746	443205	87234
671	157014	634095	124806

빈칸에 알맞은 수를 써넣으시오.

×	508	297	890
736	373888	218592	655040
674	342392	200178	599860

×	263	731	509
402	105726	293862	204618
168	44184	122808	85512

낮은 자리의 □부터 차례로 구해 봅니다. 문제를 해결하지 못하는 경우, 계산 원리의 이해가 부족한 경우이므로 앞 단계 내용을 충분히 학습하도록 합니다.

주어진 식을 앞에서 배운 내용에 맞게 계산하여 곱을 구해 봅니다. 친구들끼리 서로 문제를 내면서 이와 같은 계산 방법으로 곱을 구해 봅니다.

120~122쪽

몇백, 몇천의 곱, (세 자리 수)×(두 자리 수), (네 자리 수)×(두 자리 수), (세 자리 수)×(세 자리 수)를 능숙하게 계산할 수 있어야 합니다. 앞에서 충분히 연습하였으므로 차근차근 계산해 봅니다.

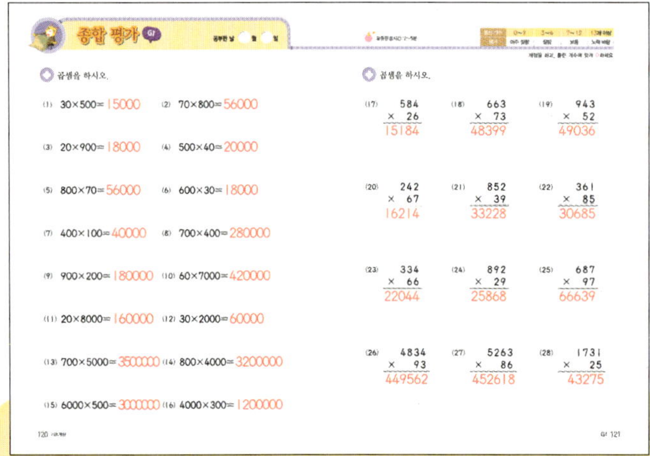

종합 평가 G1

곱셈을 하시오.

(1) $30 \times 500 = 15000$　　(2) $70 \times 800 = 56000$

(3) $20 \times 900 = 18000$　　(4) $500 \times 40 = 20000$

(5) $800 \times 70 = 56000$　　(6) $600 \times 30 = 18000$

(7) $400 \times 100 = 40000$　　(8) $700 \times 400 = 280000$

(9) $900 \times 200 = 180000$　　(10) $60 \times 7000 = 420000$

(11) $20 \times 8000 = 160000$　　(12) $30 \times 2000 = 60000$

(13) $700 \times 5000 = 3500000$　　(14) $800 \times 4000 = 3200000$

(15) $6000 \times 500 = 3000000$　　(16) $4000 \times 300 = 1200000$

곱셈을 하시오.

(17) $584 \times 26 = 15184$　　(18) $663 \times 73 = 48399$　　(19) $943 \times 52 = 49036$

(20) $242 \times 67 = 16214$　　(21) $852 \times 39 = 33228$　　(22) $361 \times 85 = 30685$

(23) $334 \times 66 = 22044$　　(24) $892 \times 29 = 25868$　　(25) $687 \times 97 = 66639$

(26) $4834 \times 93 = 449562$　　(27) $5263 \times 86 = 452618$　　(28) $1731 \times 25 = 43275$

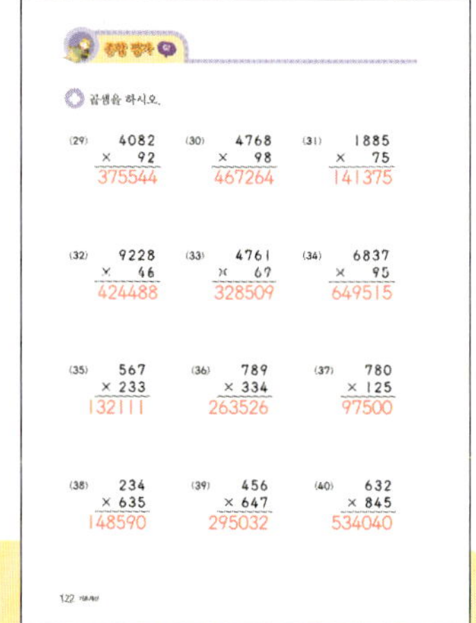

종합 평가 G1

곱셈을 하시오.

(29) $4082 \times 92 = 375544$　　(30) $4768 \times 98 = 467264$　　(31) $1885 \times 75 = 141375$

(32) $9228 \times 46 = 424488$　　(33) $4761 \times 67 = 328509$　　(34) $6837 \times 95 = 649515$

(35) $567 \times 233 = 132111$　　(36) $789 \times 334 = 263526$　　(37) $780 \times 125 = 97500$

(38) $234 \times 635 = 148590$　　(39) $456 \times 647 = 295032$　　(40) $632 \times 845 = 534040$